ULRICH HORN

Der befangene Richter

Schriftenreihe zur
Rechtssoziologie und Rechtstatsachenforschung

Herausgegeben von Ernst E. Hirsch und Manfred Rehbinder

Band 39

Der befangene Richter

Rechtstatsachen zur Richterablehnung im Zivilprozeß

Von

Dr. Ulrich Horn

DUNCKER & HUMBLOT / BERLIN

CIP-Kurztitelaufnahme der Deutschen Bibliothek

Horn, Ulrich
Der befangene Richter: Rechtstatsachen zur
Richterablehnung im Zivilprozeß. — 1. Aufl. —
Berlin: Duncker und Humblot, 1977.
   (Schriftenreihe zur Rechtssoziologie und
   Rechtstatsachenforschung; Bd. 39)
   ISBN 3-428-03846-0

Alle Rechte vorbehalten
© 1977 Duncker & Humblot, Berlin 41
Gedruckt 1977 bei Buchdruckerei A. Sayffaerth - E. L. Krohn, Berlin 61
Printed in Germany
ISBN 3 428 03846 0

Einleitung des Herausgebers

Seit langem ist bemerkt und kritisiert worden, daß das verfassungsmäßig verbürgte Recht, einen Richter wegen Befangenheit ablehnen zu können, in der Praxis nicht durchgesetzt werden kann, falls der abgelehnte Richter sich nicht selbst für befangen erklärt und freiwillig aus dem Prozeß ausscheidet. Der Verf. der vorliegenden Arbeit hat in mühevoller Detailarbeit die entsprechenden Vorgänge im Bezirk des Landgerichts Köln für einen Zeitraum von 10 Jahren untersucht und kommt zu Ergebnissen, die sich mit entsprechenden Angaben von R. Wassermann für West-Berlin decken: in 96 % der strittigen Ablehnungsverfahren wird die Befangenheitsbefürchtung des Antragstellers als unbegründet bezeichnet und sein Ablehnungsgesuch zurückgewiesen.

Wenn demgegenüber in der Literatur für eine großzügigere Handhabung des Instituts der Richterablehnung plädiert wird, so wurde dem meist aus der Praxis mit Argumenten entgegnet, die sich auf wenig mehr als auf die sog. Lebenserfahrung stützen konnten. Aufgrund seiner Erhebung, die die erste größere empirische Arbeit über diesen Problemkreis darstellt, kann der Verf. nunmehr nachweisen, daß es sich hier um Vermutungen handelt, für die sich bisher ein Beweis nicht erbringen läßt. Dazu gehört die Behauptung, daß Richterablehnungsverfahren eine „Domäne von Querulanten" seien. Lediglich 20 % der Anträge von den insgesamt 175 untersuchten Verfahren ließen querulatorische Neigungen erkennen. Auch die Vermutung, Ablehnungsanträge würden aus taktischen Erwägungen gestellt, um einen genehmeren Richter zu erhalten oder eine Verzögerung des Verfahrens zu bewirken, dürfte lediglich in 10 % der Verfahren begründet sein. Im übrigen kann durch Ablehnungsverfahren im Durchschnitt lediglich eine Verzögerung von 2 Monaten, bei Anfechtung der landgerichtlichen Entscheidung beim Oberlandesgericht eine Verzögerung von 3 Monaten erreicht werden, ein Zeitgewinn, der angesichts der durchschnittlichen Verfahrensdauer kaum als bedeutend angesehen werden kann.

Was bleibt, ist mithin die Befürchtung, daß eine großzügige Entscheidungspraxis, die das Mißtrauen gegenüber bestimmten Richtern vom subjektiven Standpunkt des Rechtsuchenden aus als begründet akzeptiert, das Ansehen der Justiz gefährden könnte. Eine solche Gefährdung ist aber nicht sehr wahrscheinlich, hält man sich mit dem Verf. (S. 125) vor Augen, daß ein Ablehnungsantrag lediglich in 0,2 % der Fälle gestellt wurde, so daß nicht von einem Mißtrauen, sondern von einem unvergleichlichen Vertrauen des rechtsuchenden Publikums in die Unbefangenheit der Richter ausgegangen werden kann.

Angesichts dieser Feststellungen plädiert der Verf. zu Recht für eine Rückbesinnung auf die ratio legis des Ablehnungsrechts und die Anwendung eines Entscheidungsmaßstabs, der nicht in erster Linie Vertrauen fordert, sondern Vertrauen gewährt. Nicht auf die Sicht eines unbeteiligten, vernünftigen Dritten, sondern auf die konkreten persönlichen Verhältnisse des Antragstellers ist abzustellen, wenn dieser sein Mißtrauen durch Ablehnungsantrag zum Ausdruck bringt. Das bedeutet nicht, daß nunmehr gleich jedes Mißtrauen zu akzeptieren sei. Aber in Zweifelsfällen muß zugunsten des Antragstellers entschieden werden. Denn der Verf. hat uns durch seine Schilderung gezeigt: die Justiz kann es sich leisten, mißtrauischen Rechtsuchenden gegenüber großzügig zu sein.

Zürich/Freiburg (Br.), im November 1976

Manfred Rehbinder

Anstelle eines Vorwortes

„Wenn Sie glauben, Sie könnten mit Ihrem Kopf
unsere Mauern einrennen,
so irren Sie sich,
unsere Mauern sind stärker."*

Oberamtsrichter Dr. C (1968)

---

* Aus dem Ablehnungsgesuch 9AR 10/68, siehe unten S. 24.

Für Maren

Diese Abhandlung ist ihr
sowie den Ärzten und Mitarbeitern
in den Rheumakliniken Aachen und
Bad Bramstedt gewidmet.

Inhaltsverzeichnis

Erster Teil: Untersuchungsgegenstand und Untersuchungsmethode

A. Problemstellung	13
B. Untersuchungsmethode	14
C. Untersuchungsbreite	16
I. Geographisch/demographisch	16
II. Zeitlich	17
III. Quantitativ	17
D. Repräsentativität	17
E. Befangenheitsbegriff	18

Zweiter Teil: Die Ablehnungsgründe

A. Einleitung	19
I. Quantitative Übersicht	19
II. Qualitative Übersicht	19
III. Erläuterungen zur Wiedergabe	20
B. Die Ablehnungsgründe im einzelnen	22
I. Gesellschaftliche Fixierung des Richters	22
II. Verhalten des Richters im laufenden Prozeß	24
1. Äußerungen des Richters	24
2. Handlungen und Unterlassungen	34
a) Prozeßbetrieb	34
aa) Terminierung	34
bb) Ladung, Zustellung	39
b) Prozeßleitung	41
aa) Zuständigkeit, Prozeßfähigkeit	41
bb) Armenrecht	42
cc) Versäumnisurteil	44
dd) Rechtliches Gehör	46
ee) Beweisaufnahme	48

ff) Vergleichsvorschlag	51
gg) Sonstige Gründe	52
c) Urteil	56
III. Verhalten des Richters in einem früheren Prozeß	57
IV. Eigenes Verhalten des Antragstellers	61

Dritter Teil: Die Antragsteller

A. Prozessuale Position	64
B. Prozessuales Potential	64
C. Berufliche Gliederung der Antragsteller	65
D. Die Motivation	66
I. Querulanten	67
II. Taktiker	71
1. Methode	71
2. Prozeßverzögerung	72

Vierter Teil: Die abgelehnten Richter

A. Die Entscheidung der Amtsrichter	74
I. Vorlage zum Landgericht	74
II. Zustimmung	75
III. Zurückweisung	80
IV. Selbstablehnung	81
1. Quantitativ	82
2. Qualitativ	82
3. Anerkennung durch das LG	84
B. Zur Person der abgelehnten Richter	86
C. Zusammenfassung	90

Fünfter Teil: Die Entscheidung der Obergerichte

A. Zurückweisende Entscheidungen	92
I. Landgericht	92

Inhaltsverzeichnis

1. Quantitativ	92
2. Qualitativ	93
a) Entscheidungsmaßstab	93
b) Ablehnungsgrund: Gesellschaftliche Fixierung	95
c) Ablehnungsgrund: Verhalten des Richters im laufenden Prozeß	96
aa) Äußerungen	96
bb) Handlungen und Unterlassungen	98
d) Ablehnungsgrund: Verhalten des Richters in einem früheren Prozeß	102
e) Ablehnungsgrund: Eigenes Verhalten des Antragstellers	102
f) Mangelnde Glaubhaftmachung	104
g) Verspätete Geltendmachung	105
II. Oberlandesgericht	108
1. Quantitativ	108
2. Qualitativ	109
B. Zusprechende Entscheidungen	109
I. Quantitativ	109
II. Qualitativ	109
III. Struktur	115

Sechster Teil: Ratio und Realität des Ablehnungsrechts

A. Ratio legis	117
B. Realität	118
C. Ursachenforschung	118
I. Mißbrauch	118
II. Prozeßökonomie	119
III. Gesetzlicher Richter	120
IV. Kollegialität	121
D. Wertung. Zugleich Plädoyer für einen Maßstab des Vertrauens	124
Schlußbemerkung	128
Literaturverzeichnis	129

Erster Teil

Untersuchungsgegenstand und Untersuchungsmethode

A. Problemstellung

Ziel der vorliegenden Abhandlung ist es, zu untersuchen, inwieweit sich das grundrechtlich verbürgte Recht, einen befangenen Richter ablehnen zu können, im Zivilprozeß verwirklichen läßt[1].

Ausgangshypothese ist, daß die in § 42 ZPO normierte Möglichkeit: „Ein Richter kann... wegen Besorgnis der Befangenheit abgelehnt werden" zwar reklamiert, aber so gut wie nicht realisiert werden kann.

Nach den sachlichen und persönlichen Gründen hierfür wird zu fragen sein, insbesondere danach, in wessen Sphäre — der des Rechtsunterworfenen oder der des Rechtsstabes — die Ursachen des behaupteten Realisierungsdefizits liegen.

Die einen Richter ablehnenden Prozeßparteien werden beantworten müssen, wie ernsthaft die geäußerte Befangenheitsbesorgnis ist oder inwieweit querulatorische oder in Verschleppungsabsicht handelnde Antragsteller das Ablehnungsrecht zu mißbrauchen suchen.

Die richterlichen Entscheidungen werden daraufhin zu überprüfen sein, inwieweit sie in der Tat die Funktion der Rechtspflege schützen oder unter dem Mantel restriktiver Gesetzesinterpretation justiziellen Selbstschutz gewähren und damit letztlich eine Grundrechtsverweigerung praktizieren wollen.

Die Justizforschung wird hierbei in einen Bereich gelangen, der von den Beteiligten tabuisiert und weitgehend im Zustand einer terra incognita gehalten wird[2].

---

[1] Zum Verfassungs- und Grundrechtscharakter des Ablehnungsrechts gemäß Art. 101 GG vgl. BVerfGE 21, 139 sowie Teplitzky, MDR 1970, 106 und Hamm, Der gesetzliche Richter und die Ablehnung, S. 77 ff.

[2] Von den 247 Ablehnungsbeschlüssen, die dieser Untersuchung zu Grunde liegen, und die das Arbeitsergebnis einer 10jährigen landgerichtlichen Spruchtätigkeit darstellen, ist meines Wissens kein einziger veröffentlicht worden.

Die Bewertung der ermittelten Befunde wird sich an der ratio legis und der besonderen gesetzlichen Qualifizierung des Ablehnungsrechts zu orientieren haben.

Abzuklären wird also sein, ob die Rechtspraxis den Sinn des Ablehnungsrechts gewährleistet, die Rechtspflege so auszugestalten, daß der Rechtsunterworfene Vertrauen in sie haben kann[3].

Diese Untersuchung wird damit zugleich eine an Fakten orientierte Entscheidungshilfe zur Klärung der dogmatisch kontroversen Frage leisten können, nach welchem Maßstab die Ablehnungsentscheidung zu treffen ist.

Sie wird beantworten können, inwieweit die Prämissen der Dogmatik im Tatsächlichen eine Stütze finden und welche Bedeutungsansprüche von der Rechtswirklichkeit unterlaufen werden.

Und sie wird letztlich der Praxis einen Entscheidungsmaßstab anbieten können, der nicht nur den Sinn des Ablehnungsrechts respektiert, sondern auch geeignet erscheint, die Justiz aus einem jahrzehntelangen Befangenheitsbann zu befreien.

B. Untersuchungsmethode

Das behauptete Realisierungsdefizit kann im Rahmen dieser Abhandlung verständlicherweise nur exemplarisch verifiziert bzw. falsifiziert werden. Bei der Frage, in welchem Teil der Zivilgerichtsbarkeit die Stichprobe vorzunehmen sei, fiel die Entscheidung auf das Amtsgericht. Hierfür sprechen mehrere Gründe. Zum einen scheint beim Amtsgericht die Palette der möglichen Ablehnungsgründe umfangreicher, da alle Prozeßbeteiligten am zumeist kleinstädtischen Gerichtsort wohnen. Dessen kurze Kommunikationswege können dazu führen, daß die Beteiligten von vornherein mit vorgefaßten Einstellungen von „dem" Richter oder „dem" Beklagten in das Verfahren hineinkommen. Zum anderen sind die Ablehnungsanträge im amtsgerichtlichen Verfahren spontaner und unverfälschter als vor dem LG oder OLG, wo jedes Gesuch durch den obligaten Anwalt artikuliert werden muß. Als dritter Punkt kommt hinzu, daß an keinem Gericht mehr Ablehnungen ausgesprochen werden als am Amtsgericht. Ausweislich der von Baumgärtel und Mes ermittelten Daten liegen die Zahlen um 90 % über denen am LG[4].

Aus alledem wird ersichtlich, daß das AG das Gericht ist, das für das Untersuchungsthema die quantitativ wie qualitativ besseren Ergebnisse zu liefern verspricht.

---

[3] Vgl. Arzt, Der befangene Strafrichter, S. 3.
[4] Baumgärtel/Mes, Rechtstatsachen zur Dauer des Zivilprozesses (erste Instanz), S. 232.

B. Untersuchungsmethode

Stand somit der zu untersuchende Gerichtstyp fest, blieb zu klären, nach welchen Kriterien die Amtsgerichte auszuwählen waren. Eine breite regionale Streuung unter den Gerichten schied aus arbeitstechnischen Gründen aus. Stattdessen sollte Wert auf eine mehrdimensionale Erfassung der Ablehnungen gelegt werden, d. h. das einzelne Gesuch sollte nicht nur in Beziehung zum abgelehnten Amtsrichter, sondern auch in Beziehung zur Entscheidung des LG und des OLG gesetzt werden.

Als Basis dieser vertikalen Untersuchung konnten die Amtsgerichte dienen, die als zu einem bestimmten LG-Bezirk gehörig für ihren Einzugsbereich die Grundsteine der Justizpyramide AG-LG-OLG bilden.

Die Auswahl des konkreten Untersuchungsobjekts konnte nicht aufgrund theoretischer Erwägungen erfolgen, sondern mußte sich, wie bei anderen Untersuchungen der Justizforschung auch, an dem orientieren, was von Seiten der Justiz entgegenkommenderweise als möglich angeboten wurde. Da gerade Ablehnungsanträge von Richtern selbst als „besonders delikat" empfunden werden[5], war Hilfe von dieser Seite nicht unbedingt zu erwarten. Um so mehr Dank gilt daher dem Präsidenten des LG Köln, der durch seine Bereitschaft diese Untersuchung ermöglichte.

Zur Verfügung gestellt wurden die Beschlüsse derjenigen Kammer dieses Gerichts, die über sämtliche kontroversen Ablehnungsgesuche entscheidet, welche gegenüber Amtsrichtern im Bezirk des LG Köln erhoben werden. Somit war es möglich, durch die Betrachtung der mittleren Schicht der Entscheidungspyramide AG-LG-OLG eine Aussage über die amtsgerichtliche Basis zu erhalten.

Das zur Verfügung gestellte Untersuchungsmaterial führte zur Untersuchungsmethode der Dokumentenanalyse. Es versteht sich, daß eine solche Analyse aus den Dokumenten nicht mehr Daten herauszukristallisieren vermag, als jene zu liefern vermögen. Für die vorliegende Abhandlung bedeutet das: ausgewertet wurden alle Ablehnungsgesuche, die gegenüber Zivilrichtern an den Amtsgerichten des Landgerichtsbezirks Köln gestellt und dem LG zur Entscheidung vorgelegt wurden.

Bei aller Komplexität der Untersuchung wird damit zugleich der weiße Fleck deutlich, über den die Dokumentenanalyse direkt nichts auszusagen vermag. Denn: nicht alle Ablehnungsgesuche müssen zum LG gelangen. Vielmehr bestimmt § 45 ZPO, daß, sofern der abgelehnte Richter selbst das Gesuch für begründet hält, dieser von sich aus zurücktritt und den Prozeß seinem geschäftsplanmäßigen Vertreter übergibt.

---

[5] Lautmann, Justiz — die stille Gewalt, S. 184.

1. Teil: Untersuchungsgegenstand und Untersuchungsmethode

Diese amtsgerichtsinterne Entscheidung bedarf keiner Sanktionierung durch das übergeordnete LG und erscheint somit in dessen Beschlüssen nicht.

Von Einzelfällen abgesehen, vermögen daher die beim LG ermittelten Daten nur etwas über die Ablehnungsgesuche auszusagen, die der Amtsrichter nicht akzeptierte und sie als kontrovers zur Entscheidung vorlegte.

Die Frage, inwieweit daneben ein alternativer Bereich amtsrichterlicher Reaktion existiert, bedurfte daher einer gesonderten Tatsachenermittlung.

Da eine Dokumentenanalyse auf der amtsgerichtlichen Ebene mangels Effektivitätschancen ausscheiden mußte[6], wurde versucht, mittels einer Umfrage unter Amtsrichtern die Praxis möglicher Verhaltensvarianten zu erforschen.

C. Untersuchungsbreite

I. Geographisch/demographisch

Die Untersuchung erstreckt sich auf den Bezirk des LG Köln. Dieser besteht aus 8 Amtsgerichten, die für 1 545 652 Gerichtseingesessene zuständig sind. Sieben der AG's liegen im Kölner Umland, das achte befindet sich in Köln selbst.

Die Struktur des Bezirks ist folglich als gemischt großstädtisch/ländlich zu charakterisieren.

*Die Amtsgerichte im Bezirk des LG Köln**

Ort	Gerichtseingesessene	Richter
1. Bensberg	134 507	9
2. Bergheim	65 130	4
3. Brühl	47 624	4
4. Gummersbach	76 803	7
5. Kerpen	51 961	3
6. Köln	1 113 220	91
7. Lindlar	23 057	1
8. Wipperfürth	33 350	2

* Angaben nach dem Stand vom 1. 1. 1970. — Aus: Handbuch der Justiz, 1970.

[6] Ausweislich der von Baumgärtel/Mes (a.a.O. S. 232) ermittelten Zahlen kommen auf 1000 amtsgerichtliche Prozesse 5 Richterablehnungen. Gemäß der hier vertretenen These, derzufolge die Zurückweisung eines Gesuches den Regelfall richterlicher Reaktion bildet, hätte erst die Durchsicht von über 10 000 Akten verwertbaren Tatsachenstoff über abweichendes Verhalten geliefert.

II. Zeitlich

Untersucht wurden alle Ablehnungsgesuche, die in dem Zehnjahreszeitraum vom 1. 1. 1963 bis zum 31. 12. 1972 gestellt wurden.

III. Quantitativ

Die Zahl der in diesem Zeitabschnitt ermittelten Ablehnungsanträge beläuft sich auf 175.

Diese 175 Ablehnungen führten zu insgesamt 400 verwertbaren Gerichtsentscheidungen (AG: 175, LG: 171, OLG: 54).

D. Repräsentativität

Die Untersuchungsergebnisse können auf Grund des zeitlichen Umfanges der Untersuchung und der erfaßten Gerichtsbeschlüsse als repräsentativ für den Teil des Oberlandesgerichtsbezirks Köln angesehen werden, den das LG Köln umfaßt. Vermutet werden darf, daß die Ergebnisse darüber hinaus auch auf die anderen beiden LG-Bezirke (Aachen/Bonn) des OLG Köln übertragen werden können, da sie in direkt angrenzenden Regionen liegen und die ermittelte Spruchpraxis des OLG Köln auch für diese LG's Orientierungsmaßstab sein muß.

Inwieweit die vorliegenden Ergebnisse für die übrigen 18 OLG-Bezirke und damit für die gesamte Bundesrepublik aussagekräftig sind, kann nicht für alle Daten einheitlich beantwortet werden.

Für den Teil der Abhandlung, der sich mit dem richterlichen Verhalten befaßt, läßt sich eine Gültigkeit nachweisen, die über den Kölner Raum hinausreicht. Das ist zum einen mit den veröffentlichten Beschlüssen der LG's und OLG's zu Ablehnungen zu belegen, die bei aller regionalen Verschiedenheiten der Gerichtsorte im Tenor einheitlich sind.

Zum anderen aber durch Zahlen, die Wassermann für die Zivilgerichtsbarkeit West-Berlins vorgelegt hat[7]. Vergleicht man jene mit den hier für Köln ermittelten, so zeigt sich, daß sich die Mißerfolgsquoten für Ablehnungsgesuche auf das Genaueste entsprechen: in beiden regional verschiedenen Untersuchungsräumen liegen sie bei 95 %/o bzw. 96 %/o.

Im übrigen ist bei der Interpretation der Daten selbstverständlich nicht zu verkennen, daß nur ein kleiner Wirklichkeitsausschnitt untersucht worden ist. Dieser, die meisten Erhebungen notwendigerweise treffende Vorhalt, berechtigt jedoch nicht ohne weiteres zur inhaltlichen Negierung. Denn Sinn von Einmannstudien kann es — worauf Manfred

---

[7] Wassermann, NJW 1963, 429.

Rehbinder zu Recht hinweist — nicht sein, eine rechtssoziologische These im strengen Sinne zu verifizieren. Ihr Wert liegt vielmehr in dem, was Rehbinder im untechnischen Sinne eine Umkehr der Beweislast nennt: wer immer in der wissenschaftlichen Diskussion entgegenstehende Rechtstatsachen behaupte, müsse diese durch eine empirisch abgestützte Untersuchung belegen[8].

E. Befangenheitsbegriff

Abzuklären ist, ob mit Verwendung des Begriffs „Befangenheit" eine speziell ZPO-genuine Befangenheit oder eine allgemeine, auf alle Gerichtszweige übertragbare, gemeint ist.

Das BVerfG beispielsweise hat in neuerer Zeit für sich einen „besonders anspruchsvollen" Maßstab der Befangenheit aufgestellt[9], Arzt für das Strafrecht wegen der Bedeutung des Verfahrensgegenstandes einen „besonders großzügigen" gefordert[10].

Diese Versuche, aus der Besonderheit des jeweiligen Verfahrens spezielle Befangenheitsdefinitionen herleiten zu wollen, sind sachlich nicht gerechtfertigt[11]. In Anbetracht des für jede Gerichtsbarkeit gleichen Sinns des Ablehnungsrechts müssen die Wertmaßstäbe identisch gesehen werden. Da das Ablehnungsrecht, wie noch zu zeigen sein wird, der Bestimmung des gesetzlichen Richters dient, würde ein nach Gerichtsbarkeiten verschiedener Maßstab zu einer unterschiedlichen Konkretisierung des gesetzlichen Richters führen[12].

Diese unhaltbare Konsequenz veranlaßt die vorliegende Abhandlung, von einem einheitlichen Befangenheitsbegriff auszugehen. Was praktisch bedeutet, daß sie sowohl Erkenntnisse und Daten, die in anderen Verfahrensarten zur Befangenheit erhoben worden sind, übernimmt, wie auch für sich selbst beansprucht, in ihren eigenen Aussagen generell und nicht nur zivilprozessual verstanden zu werden.

---

[8] M. Rehbinder, in: Schüler, Die Ermessensentscheidung der Ausländerbehörde, erörtert anhand der Verwaltungspraxis in Berlin, S. 5 f.
[9] BVerfG, Beschluß v. 29. 5. 1973, NJW 1973, 2367.
[10] Arzt, Der befangene Strafrichter, S. 7.
[11] Vgl. hierzu Wand in seiner abweichenden Meinung zum o. a. Beschluß des BVerfG, NJW 1973, 1268 sowie Ridder, Demokratie und Recht, Heft 3/1973, 239.
[12] Vgl. Ernst, Die Ablehnung eines Richters w. Besorgnis der Befangenheit, S. 31.

Zweiter Teil

Die Ablehnungsgründe

A. Einleitung

Damit die im folgenden mitgeteilten Ablehnungsbegründungen nicht isoliert, sondern im Kontext mit der Person des Antragstellers und des Richters sowie mit dem Prozeßgeschehen gesehen werden können, sind kurze Angaben dazu jeweils angefügt, die auch einen Hinweis auf die Entscheidung des Amtsrichters, des LG und des OLG über das Ablehnungsgesuch beinhalten.

In verkürzter Form liegen somit die für jede Ablehnung relevanten Rechtstatsachen zusammengefaßt vor, so daß über die Schilderung der Begründungen hinaus die Bandbreite der möglichen Aussagen in nuce sichtbar wird.

I. Quantitative Übersicht

Die im Erhebungszeitraum (1963—1972) ermittelten 175 Ablehnungsanträge enthalten 164 verwertbare Begründungen; bei 6 Anträgen war der Grund nicht ersichtlich und 5 weitere wurden ohne Angaben von Gründen gestellt.

Da einige Parteien (10 %) ihr Vorbringen auf mehrere Gründe stützen, lassen sich den 164 verwertbaren Gesuchen jedoch insgesamt 180 Gründe entnehmen. Diese Gesamtsumme — 180 — bildet die Basis für alle absoluten bzw. prozentualen Zahlenangaben.

II. Qualitative Übersicht

Die vorgebrachten Gründe für die Zweifel an der Unparteilichkeit der Richter lassen sich in drei Gruppen einteilen. Sie beziehen sich auf die gesellschaftliche Fixierung des Richters, auf das Verhalten des Richters gegenüber dem Antragsteller sowie auf das Verhalten des Antragstellers gegenüber dem Richter.

In die erste Kategorie — mit einem Anteil von 4 % — fallen jene Gründe, die den jeweiligen gesellschaftlichen Standort des Richters meinen, also seine Religions- und Parteizugehörigkeit, seine Eigenschaft als Justizangehöriger, Vermieter oder Jagdfreund des Rechtsanwaltes X.

	v. H.	Gesamt-zahl	zitiert
A. Die gesellschaftliche Fixierung des Richters	4,0	7	7
B. Das Verhalten des Richters im laufenden Prozeß:			
I. Äußerungen	22,0	40	29
II. Handlungen und Unterlassungen	61,5	111	87
C. Das Verhalten des Richters in einem früheren Prozeß	8,0	14	14
D. Das eigene Verhalten des Antragstellers	4,5	8	8
Summe	100	180	145
Unbenannt		5	
Grund nicht ersichtlich		6	
		191	

In der zweiten Gruppierung, die 91,5 % aller Gründe enthält, sind die Befangenheitsbefürchtungen aufgeführt, die sich auf das Verhalten des Richters im Verfahren stützen. Dies läßt sich unterscheiden nach richterlichen Äußerungen, Handlungen und Unterlassungen im laufenden Prozeß (83,5 %) und solchen in einem früheren Verfahren (8 %).

Die abschließende dritte Gruppe wird gebildet durch Gründe, die im Verhalten der Antragsteller selbst ihre Ursache haben, sei es, daß diese den Richter bereits einmal abgelehnt, eine Dienstaufsichtsbeschwerde oder eine Strafanzeige gegen ihn erhoben haben. Diese — von der Rechtprechung als „willkürlich" klassifizierten — Gründe sind anteilsmäßig mit 4,5 % vertreten.

III. Erläuterungen zur Wiedergabe

1. Die Begründungen sind inhaltlich so wiedergegeben, wie sie in den landgerichtlichen bzw. oberlandesgerichtlichen Beschlüssen Eingang gefunden haben. Das bedeutet, daß die Antragsteller immer nur in der Weise mit ihren Befangenheitsbefürchtungen zitiert werden können, wie das LG/OLG sie berichtet haben. Anders ausgedrückt: alle Begründungen sind grundsätzlich[1] schon durch juristisch geschulte Federn geflossen und in den vorgegebenen Rahmen eines Beschlusses eingepaßt worden.

---

[1] Wo in Ausnahmefällen unmittelbar aus dem Ablehnungsgesuch zitiert werden konnte, ist es vermerkt.

A. Einleitung

Die damit verbundene Gefahr, die jeden trifft, der auswählen und zusammenfassen muß, daß nämlich die Auswahl mit Wertungen besetzt ist, die zu akzentuellen Verdrängungen und Verstellungen des Tatsächlichen führen können, muß hier gesehen werden.

2. Da es unter den erfaßten 180 Gründen zu Wiederholungen und Pauschalierungen kommt, die über das schon Berichtete hinaus nichts auszusagen vermögen, ist davon abgesehen worden, diese vollzählig aufzuführen. Zitiert werden insgesamt 145 Gründe (= 81 %). Auslassungen sind nur in den beiden umfangreichsten Gruppen (richterliche Äußerungen und Handlungen) vorgenommen worden. Alle anderen Kategorien sind ausnahmslos ungekürzt wiedergegeben. Siehe insoweit die obenstehende Tabelle (vgl. S. 20).

3. Die Bezeichnung „großes AG" meint, daß der Prozeß am AG Köln anhängig war, die Bezeichnung „kleines AG", daß der abgelehnte Richter an einem der übrigen 7 Amtsgerichte des LG-Bezirks Köln tätig wurde.

4. Der Entscheidungstenor ist schlagwortartig dargestellt. In den Fällen, wo dieser nur allgemein gehalten ist — „das Gesuch des Antragstellers wird zurückgewiesen" — habe ich den Urteilsgründen entnommen, ob als „unzulässig" oder „unbegründet".

5. Wegen der besonderen Bedeutung, die § 43 ZPO im Ablehnungsverfahren zukommt — hier erfolgt die Zurückweisung allein aus dem formellen Grund der verspäteten Geltendmachung des Antrages, ohne daß auf die Befangenheitsbefürchtung des Antragstellers selbst überhaupt einzugehen ist — erschien es angebracht, diesbezügliche Beschlüsse besonders auszuweisen.

6. Die Entscheidung des abgelehnten Richters ist durch die Weiterleitung des Gesuchs an das LG indiziert: gemäß § 45 Abs. II ZPO legt dieser nur dann vor, wenn die Ablehnung seines Erachtens unbegründet ist, sich also eine Befangenheit weder real noch auch nur dem Anschein nach in seiner Person finden läßt.

7. Da es nicht um einzelne, zufällig in das Beobachtungsfeld geratene Richterpersönlichkeiten geht, sondern um die Offenlegung von ubiquitären Strukturen innerhalb der Justiz, sind Richternamen nicht genannt. Erwähnt wird jedoch die Anzahl der Ablehnungsanträge, die gegen jeden Richter gestellt wurden.

Die dabei verwandten Namensabkürzungen sind dem Alphabet beliebig entnommen und lassen Rückschlüsse auf bestimmte Personen nicht zu.

8. Die im Untersuchungszeitpunkt gültigen Bezeichnungen „Amtsrichter" usf. sind im Rahmen der Abhandlung durchgehend beibehalten worden.

B. Die Ablehnungsgründe im einzelnen

I. Gesellschaftliche Fixierung des Richters

Hier geht es nicht um Ablehnungsgründe, die durch Aktionen des Richters im Prozeß enstehen, sondern um solche, die der Richter als seiner Person inhärent von Anbeginn mit in den Prozeß hineinbringt.

Auslösendes Moment ist die gesellschaftliche Fixierung des Richters oder genauer: die vermutete Bindung an diese Fixierung. Sei es, daß sie so schwer zu fassen ist, wie die „Voreingenommenheit und Parteilichkeit, die sich infolge Herkommen und Erziehung wie Mehltau auf den Richter legen[2]", sei es, daß sie offenkundiger ist, wie oben (vgl. Seite 19) beispielsweise geschildert.

Theoretisch gesehen werden muß in diesem Zusammenhang die Problematik der Klassenjustiz[3]. Dahrendorfs mittlerweile geflügeltes Wort, daß in unseren Gerichten die eine Hälfte der Gesellschaft über die ihr unbekannte andere zu urteilen befugt sei[4], skizziert nach wie vor treffend den Sachverhalt.

Laut Raiser gilt als gegenwärtiger Stand der Erkenntnis festzuhalten, „daß die Herkunft der Richter aus den Mittelklassen in der Tat eine gewisse Wahrscheinlichkeit begründet, daß schichtspezifische Verhaltensstereotype und Vorurteile die Objektivität der Rechtsprechung zuungunsten der Unterschichten trüben[5]".

Ob jedoch dieses Vorverständnis des Richters — sein Einstellungs- und Gesellschaftsbild, seine Informations- und Wertdistanz zu den einzelnen Bevölkerungsschichten[6] — sich — wenn überhaupt — so sichtbar entäußert, daß sich hieran eine Befangenheitsbefürchtung konkretisieren läßt, erscheint unwahrscheinlich und zumindest für die vorliegende Untersuchung nicht verifizierbar.

Anteil: 4 %.

Die Fälle waren wie folgt gelagert:

(9 AR 14/69) Er sei mit dem Gericht nicht einverstanden und bitte um Beiordnung eines israelitischen Rechtsanwalts und eines israelitischen Richters. Den zuständigen Richter lehne er ab, da dieser kein Israelit sei.

---

[2] Berra (Rasehorn), Im Paragraphenturm, S. 12.
[3] Zu den existierenden unterschiedlichen Erklärungsansätzen siehe die Übersicht bei Bender, DRiZ 1974, 223.
[4] Deutsche Richter, in: Dahrendorf, Gesellschaft und Freiheit, S. 196.
[5] Thomas Raiser, Einführung in die Rechtssoziologie, JA-Sonderheft 9, S. 33.
[6] Lautmann, Klassenjustiz heute, in: Soziologie vor den Toren der Jurisprudenz, S. 84.

B. Die Ablehnungsgründe im einzelnen

Antragsteller ist der anwaltlich vertretene Beklagte, der den Prozeß zu $^2/_3$ verloren hat. Beide Parteien sind anwaltlich vertreten.

Abgelehnt wird Amtsgerichtsrat Dr. Y (6 ×), großes AG, 1969.

Abgl. Richter: unbegründet   LG: unzulässig

(9 AR 23/67) Der Richter habe gegen ihn entschieden, weil er, der Antragsteller, kein Naziverbrecher gewesen sei.

Antragsteller ist der Kläger in einem Räumungsprozeß. Beide Parteien sind ohne anwaltliche Vertretung.

Abgelehnt wird Amtsgerichtsrat L (3 ×), großes AG, 1967.

Abgl. Richter: unbegründet   LG: unbegründet

(9 AR 11/66) Der Richter habe nur über Teile seiner Ansprüche entschieden, obwohl er über die gesamte Klagforderung hätte entscheiden können. Die getroffene Entscheidung sei sachlich nicht gerechtfertigt. In Anbetracht solcher offenkundiger Fehler solle die Sache einer anderen Kammer übergeben werden, die nicht nur auf Seiten der Mieter stehe, sondern eine Ahnung davon habe, welche große nationale Verantwortung der Hausbesitzer habe.

Antragsteller ist der Kläger, ein Professor, der auf Mietzinszahlung klagt. Beide Parteien sind anwaltlich vertreten. Abgelehnt wird Amtsgerichtsrat C (7 ×), großes AG, 1966.

Abgl. Richter: unbegründet   LG: unbegründet

(9 AR 29/68) Der Richter hätte vermutlich im Urteil eine andere Auffassung vertreten, wenn es sich nicht bei den Klägern um Justizbeamte des höheren Dienstes gehandelt hätte.

Antragsteller ist die anwaltlich nicht vertretene Beklagte, eine Hausfrau. Die Kläger, sechs Justizangehörige — unter ihnen 2 Staatsanwälte und ein Amtsgerichtsrat — begehren die Festsetzung einer Geldstrafe, da die Beklagte gegen ein ergangenes Urteil (Mietstreitigkeit) verstoßen habe. Die Kläger sind anwaltlich vertreten.

Abgelehnt wird Amtsgerichtsrat C (7 ×), großes AG, 1968.

Abgl. Richter: unbegründet   LG: unbegründet

OLG: unbegründet

(9 T 15/72) Da die Klägerin als Justizangestellte am selben Gericht tätig sei wie der Richter, könne dieser nicht unparteiisch urteilen.

Antragsteller sind die Beklagten in einer nachbarlichen Streitigkeit. Beide Parteien sind anwaltlich vertreten. Abgelehnt wird Gerichtsassessor E (1 ✕), kleines AG, 1972.

Abgl. Richter: unbegründet   LG: unbegründet

(9 T 24/72) Nach einer Änderung des Geschäftsverteilungsplanes wird Amtsgerichtsrat T (1 ✕) zuständiger Richter. Mit derselben Begründung lehnen die Antragsteller auch ihn ab.

Abgl. Richter: unbegründet   LG: unbegründet

(9 AR 12/70) „Dem Beklagten wurde durch den unterzeichneten Richter mitgeteilt, daß er, der unterzeichnete Richter, den Zeugen seit langen Jahren infolge der Tätigkeit des Zeugen am Amtsgericht kenne und daß er, der Richter, auch mit der Klägerin bekannt ist. Der Beklagte erklärt daraufhin: Ich lehne den amtierenden Richter wegen Besorgnis der Befangenheit ab." (Aus dem Protokoll des Amtsgerichts.)

Antragsteller ist der Beklagte, beide Parteien sind anwaltlich vertreten.

Abgelehnt wird Amtsgerichtsrat Dr. M (7 ✕), kleines AG, 1970.

Abgl. Richter: begründet

II. Verhalten des Richters im laufenden Prozeß

1. Äußerungen des Richters

Soweit sich eine verläßliche Kategorisierung anbot, sind Äußerungen zur Person des Antragstellers an den Anfang der folgenden Sammlung gestellt. Im übrigen ist eine Unterscheidung nach Äußerungen dieser Art und jenen, die sich auf die Sach- oder Rechtslage beziehen, nicht vorgenommen worden, da beides ineinander verwoben ist.

Anteil: 22 %

(9 AR 10/68) Er sei von dem Richter mit den Worten empfangen worden: „Hier haben wir einen der ewig Unbelehrbaren. Sie wollen mit dem

B. Die Ablehnungsgründe im einzelnen

Kopf durch die Wand, ich empfehle Ihnen, gehen Sie zu einem Psychiater und lassen sich auf Ihren Geisteszustand untersuchen. Wenn Sie glauben, Sie können mit Ihrem Kopf unsere Mauern einrennen, so irren Sie sich, unsere Mauern sind stärker."

Antragsteller ist der Beklagte, der von seinem Rechtsanwalt auf Zahlung des Honorars in Anspruch genommen wird. Beide Parteien sind anwaltlich nicht vertreten.

Abgelehnt wird Oberamtsrichter Dr. C (2 ×), großes AG, 1968.

Abgl. Richter: unbegründet   LG: unzulässig (§ 43)

OLG: unzulässig (§ 43)

(9 AR 20/69) Er sei im Beweistermin vom Richter beleidigt worden. Der Richter habe ihn mit erhöhter Lautstärke angeschrien: „Sie wollen mir etwas vormachen. Sie können mich nicht belügen, und schon garnicht aufs Kreuz legen." Die Verhandlung habe einen Tumult von Seiten des Richters und der Gegenpartei ausgelöst, als würde man auf einem Rummelplatz stehen und nicht vor einem Amtsgericht.

Antragsteller ist der Kläger, der vom Beklagten restlichen Werklohn fordert. Beide Parteien sind anwaltlich vertreten. Abgelehnt wird Amtsgerichtsrat H (1 ×), kleines AG, 1969.

Abgl. Richter: unbegründet   LG: unzulässig (§ 43)

OLG: unzulässig (§ 43)

(9 AR 10/70) Der Richter habe gesagt, er halte es für schamlos, daß ein Millionär gegen einen Rentner, der Sozialhilfe in Anspruch nehmen müsse, einen Restbetrag von 19,80 DM einklage, nachdem er den überwiegenden Teil seiner Rechnung habe liquidieren können. Alle Zahnärzte seien Millionäre, wenn nicht, dann seien sie Flickschuster. Er verstehe nicht, warum der Prozeßbevollmächtigte des Klägers das Mandat angenommen habe.

Antragsteller ist der anwaltlich vertretene Kläger, ein Zahnarzt, der vom anwaltlich nicht vertretenen Beklagten ein Resthonorar von 19,80 DM fordert.

Abgelehnt wird Amtsgerichtsrat O (1 ×), großes AG, 1970.

Abgl. Richter: unbegründet   LG: unzulässig (§ 43)

OLG: unzulässig (§ 43)

(9 AR 3/67) Der Richter habe in die Sitzungsniederschrift nachträglich folgenden handschriftlichen Randvermerk eingetragen: „Währenddessen Toben des Rechtsanwaltes Dr. O!" Als im nächsten Termin nicht Rechtsanwalt Dr. O erschien, sondern der in derselben Praxis tätige Rechtsanwalt K, habe der Richter erklärt, Dr. O sei offensichtlich nicht zufällig, sondern wohl absichtlich ferngeblieben.

Antragsteller ist der Beklagte, beide Parteien sind anwaltlich vertreten.

Abgelehnt wird Oberamtsrichter O (5 ×), großes AG, 1967.

Abgl. Richter: unbegründet   LG: unbegründet

(9 AR 21/63) „In dem Rechtsstreit A. gegen B. kann es nach dem VERMERK des AMTIERENDEN auf Blatt 22 Rückseite in 1 D 13/63 keinem Zweifel unterliegen, daß dieser Berufsjurist eines kleinen Amtsgerichts in einem Landkreis für Entscheidungen in meinen Sachen nicht mehr in Frage kommen kann. *Hinreichend bekannter Querulant u. a. bei dem hiesigen Gericht.* Damit meint er sich. Mit den anderen Herren dieses AG komme ich nämlich garnicht zusammen. Zu deutlich merkt man die feindselige Gesinung. „Der Spiegel", Nr. 47/1963, S. 74 schreibt u. a.: „Bei Richterablehnungen ist nicht erforderlich, daß die Richter tatsächlich befangen sind oder sich für befangen halten; es genügt, daß der Ablehner bei verständiger Würdigung einen Grund hat, richterliche Befangenheit für möglich zu halten." (Schreiben des Antragstellers an das LG; Hervorhebungen entspr. dem Original.)

Antragsteller ist der Beklagte einer Vollstreckungsgegenklage, beide Parteien sind ohne Anwalt.

Abgelehnt wird Oberamtsrichter Y (1 ×), kleines AG, 1963.

Abgl. Richter: begründet

(9 T 43/71) Der Richter habe ihn in der mündlichen Verhandlung absichtlich kränken wollen, indem er sagte: „Das hätten Sie ja als ehemaliger Beamter des gehobenen oder höheren Dienstes wissen müssen."

Antragsteller ist der anwaltlich nicht vertretene Beklagte, der von seinem Rechtsanwalt auf Zahlung des Verteidigerhonorars verklagt wird.

Abgelehnt wird Amtsgerichtsrat L (1 ×), großes AG, 1971.

Abgl. Richter: unbegründet   LG: unbegründet

(9 AR 6/70) Der Richter habe gesagt, daß er, der Antragsteller, sich nach dem vorliegenden Gutachten doch jetzt wohl dem Klaganspruch beugen müsse. Als er daraufhin das Gutachten kritisiert habe, habe der Richter ihm gedroht, ihn mithilfe eines Wachtmeisters des Gerichtssaals zu verweisen. In einem späteren Telefongespräch habe der Richter gesagt: „Treiben Sie es nicht auf die Spitze."

Antragsteller ist der anwaltlich nicht vertretene Beklagte, von dem der anwaltlich vertretene Kläger restlichen Werklohn fordert.

Abgelehnt wird Gerichtsassessor T (2 ×), kleines AG, 1970.

Abgl. Richter: unbegründet   LG: unbegründet

(9 AR 25/67) Der Richter habe gesagt, er, der Antragsteller, sei als Vormund nicht geeignet.

Antragsteller ist ein Rechtsanwalt als Kläger in einer Vormundschaftssache.

Abgelehnt wird Amtsgerichtsrat N (1 ×), großes AG, 1967.

Abgl. Richter: unbegründet   LG: unbegründet

(9 AR 10/67) Der Richter habe zu ihm gesagt: „Ich als Konkursrichter fühle mich berechtigt, auf Sie als Verwalter jeden Druck auszuüben, psychologisch und auch mit anderen Mitteln."

Antragsteller ist der Konkursverwalter, Rechtsanwalt S. Abgelehnt wird der zuständige Konkursrichter, Dr. Q (5 ×), großes AG, 1967.

Abgl. Richter: unbegründet   LG: unbegründet
OLG: begründet

(9 AR 13/63) Der Richter habe in den Klassen des Antragstellers Kommentare zu den Prozessen des Antragstellers abgegeben. Außerdem habe er zu ihm gesagt: „Sehen Sie, das alles hätten Sie sich ersparen können, wenn Sie den guten Anwalt behalten hätten, den ich Ihnen empfohlen hatte."

Antragsteller ist der Beklagte, ein anwaltlich nicht vertretener Studienrat, der Kläger ist Rechtsanwalt.

Abgelehnt wird Amtsgerichtsrat Y (10 ×), großes AG, 1963.

Abgl. Richter: unbegründet   LG: unzulässig (§ 43)

(9 AR 43/68) Er lehne die Richterin ab, weil diese ihn während einer rechtlichen Diskussion nach seinem Beruf gefragt habe.

Antragsteller ist der Ehemann der Beklagten, der als Prozeßbevollmächtigter den Rechtsstreit seiner Frau führt. Beide Parteien sind anwaltlich nicht vertreten.

Abgelehnt wird Amtsgerichtsrätin H (9 X), großes AG, 1968.

Abgl. Richter: unbegründet LG: unbegründet

(9 T 7/72) Die Richterin habe ihr immer dann, wenn sie etwas sagen wollte oder wenn sie etwas, was die Gegenseite falsch dargestellt hatte, berichtigen wollte, den Mund verboten mit Wendungen wie: „Halten Sie den Mund, Sie haben nichts zu sagen, Ihr Anwalt ist da."

Antragstellerin ist die Klägerin, die wegen nachbarlicher Streitigkeiten Klage erhoben hat. Beide Parteien sind anwaltlich vertreten.

Abgelehnt wird Amtsgerichtsrätin H (9 X), für diesen und sechs weitere Prozesse, die zwischen den Parteien anhängig sind. Großes AG, 1972.

Abgl. Richter: unbegründet LG: unbegründet
OLG: unbegründet

(9 AR 14/68) Mit Rücksicht auf die in den früheren Ablehnungsverfahren aufgetretenen Spannungen zwischen ihm und dem Vergleichsrichter, müsse er besorgen, daß dieser ihm gegenüber voreingenommen sei. Diese Besorgnis werde durch das in Ton und Ausdrucksweise verfehlte Schreiben des Vergleichsrichters bestätigt, das wie folgt laute: „Ihr Bericht vom 17. des Monats wird beanstandet. Der Bericht stellt keine Antwort auf die mit Schreiben vom 13. 11. 67 an Sie gerichtete Anfrage dar. Nach hiesiger Auffassung sind Sie als Sachwalter der Gläubiger dafür verantwortlich, daß die Konstituierung und Beschlußfassung der Besserungskommission bis heute unterblieben sind. Im übrigen liegen die in Ihrem Bericht enthaltenen Ausführungen über die innenpolitische Situation in Griechenland usw. neben der Sache. Ihr Verhalten wird hier als Pflichtwidrigkeit angesehen. Sie werden darauf hingewiesen, daß der Inhalt Ihrer Ausführungen keine Veranlassung gibt, die Ihnen gesetzte Berichtsfrist zu verlängern."

Antragsteller ist der Vergleichsverwalter, Rechtsanwalt S.

Abgelehnt wird der zuständige Vergleichsrichter, Amtsgerichtsrat Dr. Q (5 X), großes AG, 1968.

Abgl. Richter: unbegründet LG: begründet

B. Die Ablehnungsgründe im einzelnen

(9 AR 4/64) Die Prozeßführung sei einseitig zu seinen Ungunsten gewesen. Der Richter habe ihm wörtlich gesagt: „Ich lehne die Entgegennahme jeglicher Stellungnahme ab. Ich nehme keinerlei Akteneinblick. Wie können Sie es denn überhaupt wagen, Klage zu erheben. Stehlen Sie mir nicht meine kostbare Zeit."

Antragsteller ist der anwaltlich nicht vertretene Kläger. Der Beklagte ist anwaltlich vertreten.

Abgelehnt wird Gerichtsassessor Dr. Q (3 ×), kleines AG, 1964.

Abgl. Richter: unbegründet   LG: unzulässig (§ 43)
OLG: unzulässig (§ 43)

9 AR 2/63) Sie hätten in der mündlichen Verhandlung den Eindruck gewonnen, daß der Richter sie durch sein provozierendes Verhalten und Schreien in ihrer Verteidigung absichtlich beeinträchtigen wollte. So hätte er ihnen unter anderem gesagt, gegen eine Urkunde könne man nicht „anstinken".

Antragsteller sind die Beklagten in einer Mietstreitigkeit. Beide Parteien sind anwaltlich vertreten.

Abgelehnt wird Amtsgerichtsrat C (7 ×), großes AG, 1963.

Abgl. Richter: unbegründet   LG: unbegründet
OLG: unbegründet (§ 43)

(9 T 8/71) Amtsgerichtsrat C habe erklärt: „Ich bin als Richter für meine Teilurteile berüchtigt." Zudem habe er dem Zeugen von Berlin, als dieser die Annahme des Zeugengeldes verweigerte, klarzumachen versucht, wieviel Glas Kölsch dieser dafür trinken könne. Er habe die Zeugen in besonders aggressiver Weise eingeschüchtert. Der Amtsgerichtsrat habe ihn in sämtlichen Verhandlungen mit dem Hinweis, daß er nur über seinen Anwalt sprechen könne, nicht zu Wort kommen lassen. Er habe den Eindruck, daß der Richter ihn als Mensch ablehne.

Antragsteller ist der Beklagte, der wegen der Rückzahlung von Mietkaution in Anspruch genommen wird. Beide Parteien sind anwaltlich vertreten.

Abgelehnt wird Amtsgerichtsrat C (7 ×), großes AG, 1971.

Abgl. Richter: unbegründet   LG: unbegründet

(9 AR 8/70) Der Richter habe in der Verhandlung plötzlich nach seinem Beruf gefragt und auf die Antwort erklärt: „Jetzt verstehe ich,

warum Sie nicht nicht zahlen wollen." Anschließend habe er sich geweigert, die Einwendungen gegen die Klagforderung protokollieren zu lassen und gesagt: „Hier ist kein Schreibbüro." Auf seine Bitte, den Termin auf 9.30 Uhr zu legen, habe der Richter ihn auf 9.00 Uhr gelegt.

Antragsteller ist der anwaltlich nicht vertretene Beklagte, der von seinem Rechtsanwalt auf Zahlung von Anwaltsgebühren verklagt wird.

Abgelehnt wird Amtsgerichtsrat Y (10 ×), großes AG, 1970.

Abgl. Richter: unbegründet   LG: unbegründet

(9 AR 4/68) Der Richter habe sie im Termin zur mündlichen Verhandlung dadurch einzuschüchtern versucht, daß er unter Hinweis auf das Vorbringen der Beklagten gesagt habe: „Glauben Sie, wo Sie das gelesen haben, es hat noch Sinn, die Sache weiterzuführen?" Außerdem habe der Richter zunächst erklärt, sie sei, da sie das einundzwanzigste Lebensjahr noch nicht vollendet habe, eigentlich nicht prozeßvollmächtig. Ihr, der Klägerin, Angebot, sich durch einen im Gerichtssaal anwesenden volljährigen Kommilitonen vertreten zu lassen, habe er zurückgewiesen. Schließlich habe sie, die Klägerin, den Eindruck gewonnen, Amtsgerichtsrat H habe nicht das nötige Interesse und die nötige Aufmerksamkeit für den Fall aufgebracht. Denn er habe ihre Ausführungen mit den Worten: „Wissen Sie, machen Sie das doch besser schriftlich, das rauscht mir so am Ohr vorbei", beantwortet.

Antragstellerin ist die Klägerin, eine Studentin, die von ihrer Vermieterin Rückzahlung der Mietkaution verlangt. Beide Parteien sind anwaltlich nicht vertreten.

Abgelehnt wird Amtsgerichtsrat H (6 ×), großes AG, 1968.

Abgl. Richter: unbegründet   LG: unbegründet

(9 AR 10/69) Als der Richter von einem Gutachten bezüglich der Tauglichkeit der Prothese gesprochen habe, habe der Rechtsanwalt des Klägers schmollende Lippen gemacht. Daraufhin habe der Richter gesagt: „Ich werde den richtigen Mann schon finden, in einem Jahr kann sich der Kiefer verändert haben." In einer anderen Situation habe er gesagt: „Sie glauben nicht, was wir hier alles fertigbringen."

Antragsteller ist die anwaltlich nicht vertretene Beklagte, deren Zahnarzt Honorarforderungen geltend macht. Der Kläger ist anwaltlich vertreten.

Abgelehnt wird Amtsgerichtsrat V (5 ×), großes AG, 1969.

Abgl. Richter: unbegründet   LG: unbegründet
OLG: unbegründet

B. Die Ablehnungsgründe im einzelnen 31

(9 T 17/72) Nachdem er, der Antragsteller, den Schriftsatz des Prozeßbevollmächtigten der Klägerin als „oberflächlich, liederlich abgefaßt" bezeichnet habe, habe der Richter folgenden Hinweis in den Beweisbeschluß aufgenommen: „Der Beklagte wird darauf hingewiesen, daß der Rechtsstreit in sachlicher Weise zu führen ist. Diesem Grundsatz entsprechen Werturteile über die Prozeßführung des Anwalts des Gegners nicht; derartige Formulierungen können als Beleidigung aufgefaßt werden. Der Beklagte mag dies künftig beachten. Andernfalls muß er damit rechnen, daß Schriftsätze, die einen ungehörigen oder gar beleidigenden Inhalt haben, an ihn zurückgesandt und daher bei der Entscheidung nicht beachtet werden."

Antragsteller ist der Beklagte, von dem der Kläger die Bezahlung eines kalten Buffets verlangt. Beide Parteien sind anwaltlich vertreten.

Abgelehnt wird Oberamtsrichter H (3 X), großes AG, 1972.

Abgl. Richter: unbegründet (§ 43)   LG: unzulässig (§ 43)

(9 AR 8/69) Der Richter habe sie provoziert, indem er sie wie eine Angeklagte im Strafprozeß behandelt habe. Er habe sie in der Öffentlichkeit dreimal als Lügnerin hingestellt und sie somit einer falschen uneidlichen Aussage bezichtigt. Antragsteller ist die anwaltlich nicht vertretene Beklagte, eine Assessorin, die von dem anwaltlich vertretenen Vermieter auf Herausgabe der Wohnung verklagt wird.

Abgelehnt wird Amtsgerichtsrat Q (1 X), kleines AG, 1969.

Abgl. Richter: unbegründet   LG: unzulässig (§ 43)

(9 AR 13/69) Als er auf seine Schwerhörigkeit hingewiesen habe, habe das allgemeine Heiterkeit erweckt und den Richter zu der spöttischen Äußerung veranlaßt: „Wir werden alle laut sprechen." Im übrigen sei er überfahren, von seinen Argumenten sei keine Notiz genommen worden.

Antragsteller ist der anwaltlich nicht vertretene 83jährige Beklagte, gegen den die anwaltlich vertretene Klägerin eine Mietforderung in Höhe von 300,— DM geltend macht.

Abgelehnt wird Amtsgerichtsrat Dr. Y (6 X), großes AG, 1969.

Abgl. Richter: unbegründet   LG: unbegründet

OLG: unbegründet

(9 T 1/71) Der **Richter** habe zu einem Referendar, der für die Klägerin aufgetreten sei, gesagt, die Beklagte erkenne nichts an, sie sehe nicht ein, daß sie die Handwerkerrechnung bezahlen müsse. Sie wolle eher noch etwas zurück. Aber es sei schon im letzten Termin ausgerechnet worden, daß die Beklagte noch zahlen müsse. Mit dieser Äußerung habe der Richter sie als uneinsichtig hingestellt.

Antragsteller ist die Beklagte, die wegen einer Forderung aus Werkvertrag in Höhe von 879,— DM in Anspruch genommen wird. Beide Parteien sind anwaltlich vertreten.

Abgelehnt wird Amtsgerichtsrat V (5 ×), großes AG, 1971.

Abgl. Richter: unbegründet   LG: unbegründet

OLG: unbegründet

(9 AR 35/70) Die **Richterin** habe darauf hingewiesen, daß er, der Antragsteller, nicht nur in diesem Verfahren, sondern noch in einem weiteren Verfahren von einem Rechtsanwalt wegen einer Honorarforderung in Anspruch genommen werde. Antragsteller ist der anwaltlich nicht vertretene Beklagte.

Abgelehnt wird Amtsgerichtsrätin H (9 ×), großes AG, 1971.

Abgl. Richter: unbegründet   LG: unbegründet

(9 AR 24/65) Die **Richterin** habe ihn gerügt, weil er sich zwei Minuten verspätet habe.

Antragsteller ist der anwaltlich nicht vertretene Kläger, der Beklagte ist anwaltlich vertreten.

Abgelehnt wird Amtsgerichtsrätin H (9 ×), großes AG, 1965.

Abgl. Richter: unbegründet   LG: unbegründet

(9 AR 18/65) Der **Richter** habe ihm als Rechtsanwalt vorgeworfen, er würde den Prozeß verschleppen. Er sei durch andere Termine verhindert gewesen.

Antragsteller ist der Beklagte, beide Parteien sind anwaltlich vertreten.

Abgelehnt wird Amtsgerichtsrat Dr. G (1 ×), kleines AG, 1965.

Abgl. Richter: unbegründet   LG: unbegründet

B. Die Ablehnungsgründe im einzelnen

(9 AR 17/67) Noch während der Aussage des Zeugen H. habe der Amtsrichter zu den Vorkommnissen erklärt: „So etwas tut man doch nicht, einen Betrunkenen läßt man doch in Ruhe vorbei, den schlägt man doch nicht." Als der Prozeßbevollmächtigte der Beklagten dem Zeugen H. im Anschluß an seine Vernehmung Vorhaltungen gemacht habe, habe der Richter zwar die Antwortdarstellung des Zeugen zu Protokoll genommen, es jedoch abgelehnt, auch den Vorhalt in das Protokoll aufzunehmen. Auf den weiteren Vorhalt des Prozeßbevollmächtigten der Beklagten, der Zeuge solle sich sehr genau überlegen, ob er seine Aussage, einige Tage nach dem Vorfall nicht mit der Zeugin K. darüber gesprochen zu haben, aufrechterhalte, denn wenn er nicht bei der Wahrheit bleibe, müßten sich die Beklagten überlegen, gegen ihn Strafanzeige zu erstatten, habe der Vorsitzende sich eingeschaltet und erklärt, er könne nicht zulassen, daß der Zeuge unter Druck gesetzt werde, das sei der übliche Schritt einer Partei nach vorne, die sehe, daß sonst nichts mehr zu machen sei. In der sich daran anknüpfenden Auseinandersetzung habe der Richter nochmals sinngemäß seine frühere Erklärung wiederholt, so etwas tue man doch nicht, einen Betrunkenen lasse man doch in Ruhe, den schlage man nicht. Durch diese Erklärung habe der Richter das Ergebnis der Beweisaufnahme schon vorweg genommen, sodaß in den Beklagten berechtigtes Mißtrauen gegen die Unparteilichkeit des Richters entstanden sei.

Antragsteller sind die Beklagten in einem Schadenersatzprozeß wegen einer Schlägerei. Beide Parteien sind anwaltlich vertreten.

Abgelehnt wird Oberamtsrichter Dr. H (2 ×), großes AG, 1967.

Abgl. Richter: unbegründet   LG: unbegründet

OLG: begründet

(9 AR 22/65) Der Richter habe bei der Erörterung einer vergleichsweisen Regelung ausweislich des Protokolls gesagt: „Die Sache riecht danach, daß das Auswechseln eines Tachometers unter Umständen im Betrieb des Beklagten öfter vorkommen könne."

Antragsteller ist der Beklagte, ein Autohändler. Der Kläger fordert die teilweise Rückgängigmachung eines Gebrauchtwagenkaufes wegen des arglistigen Verschweigens eines Mangels. Beide Parteien sind anwaltlich vertreten.

Abgelehnt wird Amtsgerichtsrat Y (3 ×), großes AG, 1965.

Abgl. Richter: unbegründet   LG: begründet

(9 AR 31/69) „Der Ablehnungsgrund liegt im Hinweisbeschluß. In diesem Beschluß geht der Richter davon aus, daß zwischen den Parteien

ein Komplott zustande gekommen ist, und zwar in der Absicht, sich in Zusammenwirken auf Kosten der Stadt Leverkusen zu bereichern. Wir haben nichts dagegen, daß der Richter zu erkennen gibt, die Akten im Anschluß an das vorliegende Verfahren an die zuständige Staatsanwaltschaft zu übersenden. Dort mag dann geklärt werden, und zwar im Rahmen eines ordnungsgemäßen Strafverfahrens, ob ein solcher Komplott vorliegt. Es geht aber nicht an, im Rahmen des Zivilverfahrens ohne die erforderliche Überprüfung von einem *bestehenden* Komplott auszugehen." (Anwaltliches Schreiben)

Antragsteller ist der Kläger, der eine Werklohnforderung geltend macht. Beide Parteien sind anwaltlich vertreten.

Abgelehnt wird Gerichtsassessor T (2 ×), kleines AG, 1970.

Abgl. Richter: begründet

2. Handlungen und Unterlassungen

In dieser Rubrik sind diejenigen Zweifel an der richterlichen Unparteilichkeit aufgeführt, die aus der Vornahme bzw. Nichtvornahme bestimmter Prozeßhandlungen resultieren.

Hierunter fallen alle richterlichen Handlungen, die dem Streitentscheid vorangehen, sowie der Urteilsspruch selbst. Sie bestehen in erster Linie aus prozeßleitenden Maßnahmen, also denjenigen Tätigkeiten des Richters, die „einen gesetzmäßigen und zweckfördernden Verlauf des Verfahrens, eine erschöpfende und doch schleunige Verhandlung und eine Beendigung des Rechtsstreits auf kürzestem Wege zum Ziele haben[7]".

Sie konkretisieren sich überwiegend in der mündlichen Verhandlung, deren formelle und sachliche Leitung dem Richter obliegt. Daneben stehen weitere Prozeßhandlungen wie beispielsweise die Armenrechtsentscheidung, das Beweisverfahren und die Durchführung des Prozeßbetriebes.

Die einzelnen Prozeßhandlungen sind in der Reihenfolge aufgeführt, wie sie sich aus dem zeitlichen Ablauf des Gerichtsverfahrens ergeben.

Anteil: 61,5 %

a) Prozeßbetrieb

aa) Terminierung

Anteil: 11,5 %

(9 T 20/72) Infolge eines Kanzleiversehens sei sein Verfahrensbevollmächtigter nicht zum Termin am 29. 11. 1971 geladen worden. Der Rich-

---

[7] Rosenberg-Schwab, 62 I.

ter habe daraufhin die Verhandlung auf den 28. 2. 1972 vertagt. Trotz seines Einwandes habe er sich geweigert, den Termin vorzuverlegen. Später habe er dann diesen Termin ohne sein Einverständnis aufgehoben. Diese einseitig zu seinen, des Antragstellers, Lasten gehende Verfahrensweise des Richters habe dazu geführt, daß nach mehr als einem halben Jahr über seinen Widerspruch gegen die einstweilige Verfügung noch nicht verhandelt worden sei. Antragsteller ist der Antragsgegner in einem einstweiligen Verfügungsverfahren wegen Unterhaltszahlung. Beide Parteien sind anwaltlich vertreten.

Abgelehnt wird Amtsgerichtsrat Dr. C (2 ×), großes AG, 1972.

Abgl. Richter: unbegründet   LG: begründet

9 AR 12/64) Da er haftbedingt nicht zum Termin zur mündlichen Verhandlung habe erscheinen können, habe er den Richter um Vertagung oder wenigstens um Anordnung des schriftlichen Verfahrens gebeten, damit kein Versäumnisurteil gegen ihn ergehe. Der Richter habe seine Eingaben nicht beantwortet und es beim Termin belassen, so daß dann ein Versäumnisurteil ergangen sei.

Antragsteller ist der anwaltlich nicht vertretene Beklagte, dessen Rechtsanwalt Honorarforderungen geltend macht.

Abgelehnt wird Amtsgerichtsrat T (3 ×), großes AG, 1964.

Abgl. Richter: unbegründet   LG: unbegründet

(9 AR 2/68) Vor dem Termin zur mündlichen Verhandlung habe er das Gericht wiederholt um die Absendung eines Vorführungsersuchens an seinen Anstaltsvorstand gebeten, weil er andernfalls den Termin nicht habe wahrnehmen können. Seinem Antrag habe der Richter nicht stattgegeben, so daß ein Versäumnisurteil gegen ihn ergangen sei, was er als formalistisch und willkürlich empfände. Im übrigen sei dadurch, daß er den Termin nicht habe wahrnehmen können, sein Anspruch auf rechtliches Gehör verletzt worden. In all diesem zeige sich die Voreingenommenheit des Richters gegen ihn als Zuchthausgefangenen.

Antragsteller ist der anwaltlich nicht vertretene Kläger in einem Rechtsstreit zweier Metzgermeister. Der Beklagte ist anwaltlich vertreten.

Abgelehnt wird Amtsgerichtsrat L (3 ×), kleines AG, 1968.

Abgl. Richter: unbegründet   LG: unbegründet

OLG: unbegründet

(9 AR 9/68) In einem weiteren Rechtsstreit zwischen den Beteiligten lehnt der Antragsteller den Richter mit derselben Begründung erneut ab, da der Richter es auch in diesem Verfahren abgelehnt habe, die Vorführung anzuordnen und da er das Verfahren verschleppt habe.

Abgl. Richter: unbegründet   LG: unbegründet
OLG: unbegründet

(9 AR 1/69) Er habe die Terminladung im Zuchthaus Rheinbach erhalten und hierauf den Richter brieflich gebeten, vorgeführt zu werden. Der Richter habe ihm daraufhin mitgeteilt, daß zur Zeit kein Anlaß bestehe, sein persönliches Erscheinen anzuordnen, da er sich vertreten lassen könne[8].

Antragsteller ist der anwaltlich nicht vertretene Beklagte. Der auf Räumung klagende Vermieter ist anwaltlich vertreten.

Abgelehnt wird Amtsgerichtsrat G (6 ×), großes AG, 1969.

Abgl. Richter: unbegründet   LG: unbegründet
OLG: unbegründet

(9 AR 1/66) Aus der Festsetzung der Terminstunde auf 9 Uhr lasse sich die Absicht des Richters erkennen, gegen ihn erneut ein Versäumnisurteil zu erlassen. Von seinem Wohnort aus könne er mit einem öffentlichen Verkehrsmittel nicht so frühzeitig den Gerichtsort erreichen. Der Richter habe es weiterhin versäumt, ihn zu dem Termin zu laden. Durch die Ablehnung seines Vertagungsantrages, verbunden mit einer versteckten Drohung, im Falle des Nichterscheinens ein Versäumnisurteil gegen ihn zu erlassen, sei er gezwungen gewesen, mit genähten Operationswunden vom Krankenhaus aus zum Termin anzureisen. Da ihn das die Ablehnung eines Vertagungsantrages enthaltene Schreiben erst am 20. 12. 1965 erreicht habe, sei er weder zeitlich noch wirtschaftlich in der Lage gewesen, einen Vertreter zu bestellen. Vor Beginn des Termins vom 21. 12. 1965 habe er auf dem Aushang festgestellt, daß an diesem Tage zwanzig bis dreißig Sachen verhandelt werden sollten. Deshalb habe er den Richter in dessen Dienstzimmer aufgesucht und unter Hinweis auf seinen Gesundheitszustand und die Notwendigkeit, ins Krankenhaus zurückzukehren, darum gebeten, seine Sache zuerst zu verhandeln. Der Richter habe ihn jedoch „unter nazistisch, sadistisch grenzenden Methoden" aus dem Zimmer gewiesen und ihn aufgefordert, solange im Sitzungssaal zu warten, bis er an der Reihe sei. Als die Sache endlich angestanden habe, habe der Richter nicht ver-

---
[8] Weitere Gründe dieser Ablehnung s. unten Seite 62.

B. Die Ablehnungsgründe im einzelnen

handelt, sondern lediglich einen bereits fertigen Beschluß unterschrieben und ihm gesagt, daß er Bescheid erhalte.

Antragsteller ist der anwaltlich nicht vertretene Beklagte, ein Polizeimeister i. R. Der anwaltlich vertretene Kläger fordert restlichen Werklohn.

Abgelehnt wird Amtsgerichtsrat Dr. M (7 X), kleines AG, 1966.

Abgl. Richter: unbegründet   LG: unbegründet

OLG: unbegründet

(9 AR 33/64) Wegen eines gebrochenen Arms habe sie die Richterin um Verlegung des Termins gebeten. Gleichwohl habe die Richterin ein Versäumnisurteil gegen sie erlassen, was sie als parteiisch empfände.

Antragsteller ist die anwaltlich nicht vertretene Beklagte. Der Kläger ist Rechtsanwalt.

Abgelehnt wird Amtsgerichtsrätin T (5 X), großes AG, 1964.

Abgl. Richter: unbegründet   LG: unbegründet

(9 AR 48/68) Der Richter hätte den Termin verlegen müssen, da er doch wisse, daß er, der Antragsteller, erkrankt sei. Statt dessen habe er ein Versäumnisurteil gegen ihn erlassen.

Antragsteller ist der Beklagte, dessen Bank auf Rückzahlung eines Darlehens klagt. Beide Parteien sind anwaltlich nicht vertreten.

Abgelehnt wird Amtsgerichtsrat X, großes AG, 1968.

Abgl. Richter: unbegründet   LG: unbegründet

(9 T 39/72) Ohne genügende Prüfung seines Vertagungsantrages habe der Richter ein Versäumnisurteil erlassen und damit ermessenswidrig gehandelt, insbesondere gegen § 337 ZPO verstoßen.

Antragsteller ist der Beklagte, beide Parteien sind anwaltlich nicht vertreten.

Abgelehnt wird Amtsgerichtsdirektor Y (10 X), großes AG, 1972.

Abgl. Richter: unbegründet   LG: unbegründet

(9 AR 28/67) Der Richter habe seiner Bitte um Terminverlegung nicht entsprochen und ein Versäumnisurteil gegen ihn erlassen.

Antragsteller ist der Kläger, beide Parteien sind anwaltlich nicht vertreten.

Abgelehnt wird Amtsgerichtsrat Dr. M (7 ×), kleines AG, 1967.

Abgl. Richter: unbegründet   LG: unbegründet

(9 AR 10/69) Der Richter habe ihre Bitte um Terminverschiebung nicht berücksichtigt.

Antragsteller ist die anwaltlich nicht vertretene Beklagte, deren Zahnarzt Honorarforderungen geltend macht. Der Kläger ist anwaltlich vertreten.

Abgelehnt wird Amtsgerichtsrat V (5 ×), großes AG, 1969.

Abgl. Richter: unbegründet   LG: unbegründet

OLG: unbegründet

(9 AR 23/68) Er habe den Richter um Verlegung des Termins zur Zeugenvernehmung gebeten, da sein Rechtsanwalt verhindert gewesen sei. Der Richter habe dieses abgelehnt.

Antragsteller ist der Kläger, beide Parteien sind anwaltlich vertreten.

Abgelehnt wird Amtsgerichtsrat N (1 ×), große AG, 1968.

Abgl. Richter: unbegründet   LG: unbegründet

(9 AR 20/63) Der Richter habe dem Vertagungsantrag nicht stattgegeben.

Antragsteller ist der anwaltlich nicht vertretene Beklagte, der von einem Rechtsanwalt verklagt wird.

Abgelehnt wird Amtsgerichtsrat Dr. T (2 ×), großes AG, 1963.

Abgl. Richter: unbegründet   LG: unbegründet

(9 AR 1/64) Der obige Antragsteller lehnt denselben Richter mit dieser Begründung erneut ab, 1964.

Abgl. Richter: unbegründet   LG: unbegründet

(9 AR 16/69) Der Richter habe drei Termine anberaumt, ohne ein Urteil zu fällen. Die Verhandlungsniederschrift sei nazistisch unwahr

B. Die Ablehnungsgründe im einzelnen

gegen ihn gerichtet, denn es sei unwahr, daß er mit der Ladung eines taubstummen Zeugen mit Dolmetscher einverstanden gewesen sei.
Antragsteller ist der anwaltlich nicht vertretene Kläger.
Abgelehnt wird Amtsgerichtsrat Y (6 ×), großes AG, 1969.
Abgl. Richter: unbegründet   LG: unbegründet
OLG: unbegründet

(9 AR 19/67) Der Richter habe den Prozeß verschleppt.
Antragsteller ist der Kläger, ein Rechtsanwalt.
Abgelehnt wird Amtsgerichtsrat Dr. I (1 ×), großes AG, 1967.
Abgl. Richter: unbegründet   LG: unbegründet

bb) Ladung, Zustellung

Anteil: 6 %

(9 AR 26/67) Sie seien zum Termin nicht geladen worden.
Antragsteller sind die Beklagten, ohne Anwalt.
Abgelehnt wird Amtsgerichtsrat Y (3 ×), kleines AG, 1967.
Abgl. Richter: unbegründet   LG: unbegründet

(9 T 15/71) Er sei nicht geladen worden.
Antragsteller ist der Kläger, mit Anwalt.
Abgelehnt wird Amtsgerichtsrat G (6 ×), großes AG, 1971.
Abgl. Richter: unbegründet   LG: unbegründet

(9 AR 13/70) Er sei zum Termin nicht rechtzeitig geladen worden. Der Richter hätte das Versäumnisurteil auch deshalb nicht erlassen dürfen, weil die Aussagen der Zeugin offenkundig falsch gewesen und ihm nicht vorher zugestellt worden seien.
Antragsteller ist der anwaltlich nicht vertretene Beklagte, der Kläger ist anwaltlich vertreten.
Abgelehnt wird Oberamtsrichter Dr. H (2 ×), großes AG, 1970.
Abgl. Richter: unbegründet   LG: unbegründet
OLG: unzulässig

(9 AR 2/66) Der Richter habe die Klage noch nicht zustellen lassen und auch noch keinen Termin anberaumt.

Antragsteller ist der Kläger, ohne Anwalt.

Abgelehnt wird Amtsgerichtsrat C (2 ×), großes AG, 1966.

Abgl. Richter: unbegründet   LG: unbegründet

OLG: unbegründet

(9 AR 6/66 und 9 AR 8/66) Der Richter habe seinen Antrag auch dem Prozeßbevollmächtigten des Gegners geschickt, obwohl dieser noch garnicht bestellt worden sei.

Antragsteller in beiden Prozessen ist der anwaltlich vertretene Kläger.

Abgelehnt wird Amtsgerichtsrat O (5 ×), großes AG, 1966.

Abgl. Richter: unbegründet   LG: unbegründet

OLG: unbegründet

(9 AR 22/69) Die Kostenanforderung sei nicht an ihn, sondern an jemand anderen geschickt worden. Er solle wohl eine zweite Klage gegen den Beklagten erheben.

Antragsteller ist der Kläger, ohne Anwalt.

Abgelehnt wird eine Richterin, großes AG, 1969.

Abgl. Richter: unbegründet   LG: unbegründet

(9 AR 14/64) Der Richter habe ein Versäumnisurteil erlassen und ihm keine nähere Begründung der Klage übersandt.

Antragsteller ist der Beklagte, ohne Anwalt.

Abgelehnt wird Gerichtsassessor Q (3 ×), kleines AG, 1964.

Abgl. Richter: unbegründet   LG: unbegründet

(9 AR 49/68) Er habe die Protokolle nicht erhalten und der Richter habe seine Anträge falsch behandelt.

Antragsteller ist der Beklagte, ohne Anwalt, der von einem Rechtsanwalt verklagt wird.

Abgelehnt wird Amtsgerichtsrat Y (10 ×), großes AG, 1969.

Abgl. Richter: unbegründet   LG: unbegründet

B. Die Ablehnungsgründe im einzelnen 41

b) *Prozeßleitung*

aa) Zuständigkeit, Prozeßfähigkeit

Anteil: 3,5 %

(9 T 37/71) Er habe im Termin mehrfach erklärt, er rüge die Zuständigkeit des Amtsgerichts, beantrage Verweisung an das Amtsgericht Frankfurt und verhandele darüberhinaus nicht zur Sache. Der Richter habe ihm aber erklärt, falls er sich nicht zur Sache äußere, würde ein Versäumnisurteil ergehen. Daraus, daß der Richter nicht vorab die Frage der Zuständigkeit entschieden habe, ergebe sich, daß er eine vorgefaßte Meinung zugunsten der Klägerin vertrete.

Antragsteller ist der anwaltlich nicht vertretene Beklagte, der von einer Krankenversicherung auf Zahlung der Prämie in Anspruch genommen wird. Die Klägerin ist anwaltlich vertreten.

Abgelehnt wird Amtsgerichtsdirektor Y (10 X), großes AG, 1971.

Abgl. Richter: unbegründet   LG: unbegründet

(9 AR 21/63) „Der Beklagte erklärt: Ich lehne den amtierenden Richter wegen Besorgnis der Befangenheit ab. Und zwar bin ich der Auffassung, daß der amtierende Richter die Sache nicht an das Amtsgericht in Köln hätte zurückgeben dürfen. Ich behalte mir vor, weitere Ablehnungsgründe geltend zu machen." (Sitzungsprotokoll)

Antragsteller ist der Beklagte einer Vollstreckungsgegenklage, beide Parteien sind ohne Anwalt.

Abgelehnt wird Oberamtsrichter Y (1 X), kleines AG, 1963.

Abgl. Richter: unbegründet (am 5. 11. 1963), dann: begründet (am 12. 1. 1964)

(9 AR 11/67) Der Richter habe ihn ohne ärztliche Untersuchung für prozeßunfähig erklärt und einen Vertreter bestellt.

Antragsteller ist der Beklagte. Beide Parteien sind anwaltlich vertreten.

Abgelehnt wird Amtsgerichtsrat Y (1 X), großes AG, 1967.

Abgl. Richter: unbegründet   LG: unbegründet

(9 AR 4/70) Trotz seiner Weigerung, ein Gutachten über seinen Geisteszustand zu beantragen, habe die Richterin die Einholung eines Sach-

verständigengutachtens angeordnet. Diese Überprüfung seines Geisteszustandes sei nazistisch brutal.

Antragsteller ist der anwaltlich nicht vertretene Kläger in einer nachbarschaftlichen Streitigkeit. Der Beklagte ist anwaltlich vertreten.

Abgelehnt wird Amtsgerichtsrätin Dr. T (2 ×), großes AG, 1970.

Abgl. Richter: unbegründet   LG: unbegründet

(9 AR 2/70) Der Richter habe auf Zweifel an Ihrer Zurechnungsfähigkeit hingewiesen und von der Notwendigkeit der Bestellung eines Gebrechlichkeitspflegers gesprochen.

Antragstellerin ist die Klägerin in einer Mietstreitigkeit. Beide Parteien sind ohne anwaltliche Vertretung.

Abgelehnt wird Amtsgerichtsrat Dr. M (7 ×), kleines AG, 1970.

Abgl. Richter: unbegründet   LG: unbegründet

bb) Armenrecht

Anteil: 5 %

(9 AR 29/69) Der Richter habe die Rechtsverfolgung der Kläger erschwert, indem er den Armenrechtsbeschluß nicht mitgeteilt, gleichwohl aber einen Verhandlungstermin anberaumt und, unter Übergehung des Berliner Prozeßbevollmächtigten der Kläger einen Armenrechtsanwalt aus Köln eingesetzt habe.

Antragsteller sind die anwaltlich vertretenen minderjährigen Kläger, die auf Zahlung von Unterhalt klagen.

Abgelehnt wird Gerichtsassessor Y (1 ×), großes AG, 1969.

Abgl. Richter: unbegründet   LG: unbegründet

(9 AR 23/64) Obwohl er den Richter in seiner Beschwerde gegen die Verweigerung des Armenrechtsgesuchs wegen Besorgnis der Befangenheit abgelehnt habe, sei dieser weiterhin tätig geworden. Bei der Entscheidung über das Armenrechtsgesuch habe er eine Stellungnahme des Fürsorgeamtes eingeholt und diese, ohne ihm Gelegenheit zur Äußerung zu geben, in dem abschlägigen Beschluß berücksichtigt. Nachdem

B. Die Ablehnungsgründe im einzelnen 43

das Landgericht diesen Beschluß aufgehoben und das Armenrecht bewilligt habe, habe der Richter versäumt, ihm einen Rechtsanwalt beizuordnen. Dies sei erst auf seine Mahnung hin geschehen. Dabei habe der Richter ihm jedoch nicht die Anschrift seines Anwalts mitgeteilt. Dies sei absichtlich passiert, um seinen Prozeß abzuwürgen. Im übrigen sei der Beiordnungsbeschluß folgendermaßen unterzeichnet: Das „Gezeichnet Dr. N Amtsgerichtsrat zur Wiederverwendung" sei durchgestrichen, sodann jedoch wieder unterpunktiert worden. Der Vermerk: „Ausgefertigt, Justizangestellter als Urkundsbeamter der Geschäftsstelle" sei durchgekreuzt. Dies betrachte er als Verschleierungstaktik.

Antragsteller ist der Kläger, der gegen seine Frau auf Abänderung eines Unterhaltsurteils klagt. Beide Parteien sind anwaltlich vertreten.

Abgelehnt wird Amtsgerichtsdirektor z. Wv. Dr. N (6 ×), großes AG, 1964.

Abgl. Richter: unbegründet   LG: unbegründet

(9 AR 14/66) Der Richter habe das Armenrechtsgesuch abgelehnt. Er sei unsozial und habe keinerlei Verständnis für eine kranke und bedürftige Rentnerin. Sie fühle sich durch den Richter in ihren Rechten unterdrückt.

Antragstellerin ist die anwaltlich nicht vertretene Klägerin, die von einem Rechtsanwalt Herausgabe von Akten begehrt.

Abgelehnt wird Gerichtsassessor T (1 ×), großes AG, 1966.

Abgl. Richter: unbegründet   LG: unbegründet

(9 AR 21/68) Die Bewilligung des Armenrechts für seine Ehefrau zeige, daß der Richter sich mit seiner, des Ehemanns, Eingabe nicht genügend vertraut gemacht habe und sich durch den Vortrag der Ehefrau habe beeinflussen lassen.

Antragsteller ist der Beklagte, beide Eheleute sind ohne anwaltliche Vertretung.

Abgelehnt wird Amtsgerichtsrat Dr. Y (6 ×), großes AG, 1968.

Abgl. Richter: unbegründet   LG: unbegründet

(9 AR 30/64) Die Amtsbezeichnung „Landgerichtsdirektor" lasse vermuten, daß der Richter die ihm übertragenen Amtsrichtergeschäfte nur mit der linken Hand erledige, da er sonst wichtigere Dinge zu verhan-

deln habe. Dafür spräche auch die Höhe der von ihm festgesetzten Sicherheitsleistung. Außerdem habe er über das Armenrechtsgesuch noch nicht entschieden.

Antragsteller ist der Beklagte, ohne Anwalt, der Kläger ist anwaltlich vertreten.

Abgelehnt wird Landgerichtsdirektor S (1 ×), großes AG, 1964.

Abgl. Richter: unbegründet   LG: unbegründet

(9 AR 24/68) Zunächst habe der Richter sein Armenrechtsgesuch abgelehnt. Jetzt werde sein Sachvortrag vom Gericht nicht genügend berücksichtigt. Die Voreingenommenheit des Gerichts zeige sich auch darin, daß die von ihm benannte Zeugin K. nicht gehört werde. Das Gericht sei der Sache nicht gewachsen.

Antragsteller ist der anwaltlich nicht vertretene Beklagte, der von einer Warenkredit GmbH auf Rückzahlung eines Darlehens verklagt wird.

Abgelehnt wird Oberamtsrichter Dr. G (1 ×) ,großes AG, 1968.

Abgl. Richter: unbegründet   LG: unbegründet

(9 AR 3/66) DerRichter habe sein Armenrechtsgesuch abgelehnt und damit der Rechtsfindung vorgreifend zu seinen Ungunsten Partei genommen.

Antragsteller ist der Kläger. Beide Parteien sind anwaltlich nicht vertreten.

Abgelehnt wird Amtsgerichtsrat Y (3 ×), großes AG, 1966.

Abgl. Richter: unbegründet   LG: unbegründet

cc) Versäumnisurteil

Anteil: 3,5 %

(9 AR 11/69) In dem auf 9.15 Uhr anberaumten Termin habe er gegen 9.20 Uhr die Akten durch den Protokollführer herauslegen lassen und habe gegen 10.30 Uhr, 1¼ Stunde später, das Versäumnisurteil beantragt. Dessen Erlaß habe der Richter abgelehnt mit der Begründung, er solle noch etwas warten, der Prozeßbevollmächtigte des Beklagten

B. Die Ablehnungsgründe im einzelnen 45

werde schon noch kommen. Er habe daraufhin bemerkt, er habe nun schon über eine Stunde gewartet und könne nicht länger warten. Trotzdem habe der Richter den Erlaß eines Versäumnisurteils abgelehnt. Ein gerade anwesender Rechtsanwalt habe gefragt, ob er den Termin für den abwesenden Kollegen übernehmen könne. Das habe der Richter genehmigt.

Antragsteller ist der durch eine prozeßbevollmächtigte Person (§ 79 ZPO) vertretene Kläger in einem Schadenersatzprozeß. Der Beklagte ist anwaltlich vertreten.

Abgelehnt wird Amtsgerichtsrat Dr. C (2 X), großes AG, 1969.

Abgl. Richter: unbegründet   LG: unbegründet

OLG: unbegründet

(9 AR 37/68) Trotz seiner wiederholten Anträge habe die Richterin kein Versäumnisurteil gegen die Klägerin erlassen, obwohl deren Rechtsanwalt nicht erschienen sei. Sie, die Richterin, habe vielmehr nach über einer Stunde durch ihre Protokollführerin einen anderen Rechtsanwalt veranlaßt, für den nicht erschienenen Kollegen aufzutreten.

Antragsteller ist der anwaltlich ncht vertretene Beklagte. Die Klägerin, die restlichen Werklohn fordert, ist anwaltlich vertreten.

Abgelehnt wird Amtsgerichtsrätin T (5 X), großes AG, 1968.

Abgl. Richter: unbegründet   LG: unbegründet

(9 AR 33/70) Der Richter hätte schon im ersten Termin, am *22. 10. 69*, in dem Rechtsanwalt P. im Auftrag der Haftpflichtversicherung der Beklagten, aber ohne Vollmacht von seiten der Beklagten, für diese erschienen sei, das vom Antragsteller beantragte Versäumnisurteil erlassen müssen, spätestens aber in dem darauffolgenden Termin. Auch in den weiteren drei Terminen sei Rechtsanwalt P. ohne Vollmacht aufgetreten und habe schließlich im Termin am 29. 6. 1970 das Mandat niedergelegt, da er von der Beklagten keine Vollmacht erhalten habe. Als das Versäumnisurteil am *29. 6. 1970* erlassen worden sei, sei den Beklagten bereits der Versicherungsschutz entzogen gewesen, so daß nunmehr gegen die mittellosen Beklagten seine Forderung nicht mehr durchzusetzen sei. Zudem habe der Richter das vom Kläger endlich erwirkte Versäumnisurteil nicht sofort unterzeichnet und auf eine entsprechende telefonische Anfrage erklärt: „Herr K. braucht sich mit der Vollstreckung nicht zu beeilen; die Beklagten haben keinen Versiche-

rungsschutz mehr." Aus all dem folge für ihn, daß der Richter im Zusammenwirken mit Rechtsanwalt P. den Prozeß verschleppt habe, bis die Beklagten ihren Versicherungsschutz verloren hätten.

Antragsteller ist der anwaltlich nicht vertretene Kläger in einem Schadenersatzprozeß. Die Beklagten sind ebenfalls ohne anwaltliche Vertretung.

Abgelehnt wird Amtsgerichtsrat K (1 ×), großes AG, 1971.

Abgl. Richter: unbegründet LG: unbegründet

(9 AR 13/65) Die Richterin habe seinen Antrag auf Erlaß eines Versäumnisurteils nicht beachtet und ihm das Wort abgeschnitten.

Antragsteller ist der anwaltlich nicht vertretene Beklagte, ein Volkswirt, dessen Zahnarzt auf Honorarzahlung klagt. Der Kläger ist anwaltlich vertreten.

Abgelehnt wird Amtsgerichtsrätin T (5 ×), großes AG, 1965.

Abgl. Richter: unbegründet LG: unbegründet

(9 AR 45/68) Er habe in der mündlichen Verhandlung verlangt, daß seine Sache als erste verhandelt werde. Der Richter, der erst um 10.20 Uhr erschienen sei statt um 10.00 Uhr, habe das abgelehnt. Auf Befragen des Richters sei keiner der anwesenden Rechtsanwälte bereit gewesen, den Prozeßbevollmächtigten des Klägers zu vertreten. Als er — der Beklagte — daraufhin Klagabweisung habe beantragen wollen, habe der Richter zu ihm gesagt, er sei „etwas schwer von Begriff". So habe der Richter ihn daran gehindert, einen Antrag auf Erlaß eines Versäumnisurteils zu stellen.

Antragsteller ist der anwaltlich nicht vertretene Beklagte, der Kläger ist anwaltlich vertreten.

Abgelehnt wird Amtsgerichtsrat E (5 ×), großes AG, 1968.

Abgl. Richter: unbegründet LG: unbegründet

OLG: unbegründet

dd) Rechtliches Gehör

Anteil: 4,5 %

(9 AR 25/64) Der Richter habe ihm kein rechtliches Gehör gewährt und gesagt: „Sie haben als Partei nichts zu sagen. Ihr Vortrag muß

B. Die Ablehnungsgründe im einzelnen 47

durch Ihren Anwalt erfolgen." Und das, obwohl sein Anwalt gar nicht anwesend gewesen sei.

Antragsteller ist der Beklagte. Beide Parteien sind anwaltlich vertreten.

Abgelehnt wird Amtsgerichtsrat Dr. Y (6 X), großes AG, 1964.

Abgl. Richter: unbegründet   LG: unbegründet (§ 43)

(9 AR 26/64) Er habe keine Gelegenheit gehabt, seinen Standpunkt zu vertreten. Der Richter habe ihm erklärt, er sei der Beklagte und er habe nur zu antworten, wenn er gefragt würde. Fragen aber habe der Richter an ihn nicht gerichtet.

Antragsteller ist der Beklagte, beide Parteien sind anwaltlich nicht vertreten.

Abgelehnt wird Amtsgerichtsrat O (5 X), großes AG, 1964.

Abgl. Richter: unbegründet   LG: unbegründet

(9 AR 7/63) Der Richter habe kein rechtliches Gehör gewährt.

Antragsteller ist der durch einen Prozeßbevollmächtigten (§ 79 ZPO) vertretene Beklagte, der Kläger ist Rechtsanwalt.

Abgelehnt wird Amtsgerichtsrat V (5 X), großes AG, 1963.

Abgl. Richter: unbegründet   LG: unbegründet

(9 AR 16/63) Der Richter habe in diesem Prozeß seinem Mandanten das rechtliche Gehör verweigert. Deswegen habe sein Mandant den Richter wegen Besorgnis der Befangenheit abgelehnt. Dieser Antrag sei als unbegründet zurückgewiesen worden. Jetzt stelle er aus eigenem Recht einen Ablehnungsantrag, da auch ihm gegenüber das rechtliche Gehör verletzt sei.

Antragsteller ist der Prozeßbevollmächtigte des Beklagten des vorstehenden Falles.

Abgelehnt wird Amtsgerichtsrat V (5 X), großes AG, 1963.

Abgl. Richter: unbegründet   LG: unzulässig

(9 AR 24/67) Seine Bitte auf Anhörung sei nicht beachtet worden.

Antragsteller ist der Beklagte, ohne Anwalt.

Abgelehnt wird Amtsgerichtsrat T (3 X), großes AG, 1967.

Abgl. Richter: unbegründet   LG: unbegründet (§ 43)

OLG: unbegründet (§ 43)

(9 AR 3/64) Er habe dem Richter nach der mündlichen Verhandlung einen Schriftsatz übergeben, dessen Annahme der Richter abgelehnt habe. Da dieses Verhalten des Richters unzulässig sei, hege er Zweifel an der richterlichen Objektivität.

Antragsteller ist der Kläger, ein Gerichtsreferendar. Der Beklagte ist anwaltlich vertreten.

Abgelehnt wird Amtsgerichtsdirektor z. Wv. Dr. N (6 ×), großes AG, 1964.

Abgl. Richter: unbegründet   LG: unbegründet

(9 AR 20/68) Der Richter habe ihm Akteneinsicht verwehrt und seine Voreingenommenheit dadurch gezeigt, daß er in einem Schreiben Kritik an seinen, des Vaters, Erziehungsmaßnahmen geäußert habe.

Antragsteller ist der Kläger in einer Familienrechtssache.

Abgelehnt wird Amtsgerichtsdirektor Dr. I (1 ×), großes AG, 1968.

Abgl. Richter: unbegründet   LG: unbegründet

ee) Beweisaufnahme

Anteil: 8,5 %

(9 AR 18/63) Der Richter habe die Kernfrage des Beweisbeschlusses absichtlich falsch gefaßt und damit eine Aufklärung geschickt umgangen.

Antragsteller ist der anwaltlich nicht vertretene Kläger, der Schmerzensgeld wegen einer fehlerhaften Operation verlangt. Der verklagte Arzt ist anwaltlich vertreten.

Abgelehnt wird Amtsgerichtsrat Y (3 ×), kleines AG, 1963.

Abgl. Richter: unbegründet   LG: unbegründet

(9 AR 18/66) Der Richter habe die Beweisaufnahme in einer Art und Weise durchgeführt, daß er das Vertrauen in den Richter verloren habe. Er habe daher seinen Prozeßbevollmächtigten angewiesen, in dieser Sache nicht mehr mit dem Richter zu verhandeln, und dem Richter vorgeschlagen, den Rechtsstreit einem anderen Richter zu überlassen.

B. Die Ablehnungsgründe im einzelnen

Antragsteller ist der Beklagte, der auf Rückzahlung eines Darlehens verklagt wird. Beide Parteien sind anwaltlich vertreten.

Abgelehnt wird Amtsgerichtsrat T (3 ×), großes AG, 1966.

Abgl. Richter: unbegründet   LG: unbegründet

(9 AR 26/66) Der Richter habe die Beweisaufnahme unsachlich durchgeführt und ihn grob und unhöflich behandelt.

Antragsteller ist der anwaltlich nicht vertretene Kläger, der Beklagte ist anwaltlich vertreten.

Abgelehnt wird Amtsgerichtsrat E (5 ×), großes AG, 1966.

Abgl. Richter: unbegründet   LG: unbegründet (§ 43)

(9 AR 18/64) Das Verhalten des Richters bei der Beweisaufnahme zeige, daß der Richter nicht unparteiisch entscheiden werde.

Antragsteller ist der Beklagte, ohne Anwalt, der Kläger ist anwaltlich vertreten.

Abgelehnt wird Amtsgerichtsrat Y (3 ×), kleines AG, 1964.

Abgl. Richter: unbegründet   LG: unbegründet

OLG: unbegründet

(9 AR 23/70) Auf Antrag des Klägers habe der Richter einen Beweisbeschluß erlassen mit dem Inhalt, ein Sachverständigengutachten einzuholen. Die Kosten hierfür habe er beiden Parteien auferlegt und daher von ihnen 125,— DM Auslagenvorschuß gefordert. Das empfänden sie als Benachteiligung.

Antragsteller sind die anwaltlich nicht vertretenen Beklagten. Der Kläger fordert restlichen Werklohn; er ist anwaltlich vertreten.

Abgelehnt wird Amtsgerichtsrat L(3 ×), kleines AG, 1970.

Abgl. Richter: unbegründet   LG: unbegründet

OLG: unbegründet

(9 T 27/72) Der Richter habe es abgelehnt, seinen Antrag, ein neues Gebührengutachten bei der Rechtsanwaltkammer einzuholen, zu protokollieren und einen entsprechenden Beweisbeschluß zu erlassen.

Antragsteller ist der Beklagte, dessen Rechtsanwalt Honorarforderungen einklagt. Beide Parteien sind ohne anwaltliche Vertretung.

Abgelehnt wird Amtsgerichtsrat V (1 ×), großes AG, 1972.

Abgl. Richter: unbegründet   LG: unbegründet

(9 AR 34/67) Der Richter habe sie aufgefordert, den Namen des zuständigen Vorstandsmitglieds zu nennen, damit er als Zeuge geladen werden könne. Hierdurch fühle sie sich genötigt.

Antragsteller ist die Klägerin, eine Krankenversicherung. Beide Parteien sind anwaltlich nicht vertreten.

Abgelehnt wird Amtsgerichtsrat Dr. I (2 ×), großes AG, 1967.

Abgl. Richter: unbegründet   LG: unbegründet

OLG: unbegründet

(9 T 35/71) Der Richter habe beschlossen, den Beklagten als Partei zu vernehmen.

Antragsteller ist der anwaltlich nicht vertretene Kläger, der Beklagte ist anwaltlich vertreten.

Abgelehnt wird Oberamtsrichter Dr. M (7 ×), kleines AG, 1971.

Abgl. Richter: unbegründet   LG: unbegründet

(9 T 3/71) Er lehne den vom Gericht beauftragten Sachverständigen ab, da dieser schon in einem anderen Rechtsstreit als Gutachter falsche Behauptungen aufgestellt und über ihn beleidigende Äußerungen abgegeben habe. Für den Fall, daß das Amtsgericht den Sachverständigen nicht absetzen werde, lehne er hiermit das Amtsgericht wegen Besorgnis der Befangenheit ab und beantrage, den Rechtsstreit an das Landgericht weiterzugeben.

Antragsteller ist der Beklagte, der vom Kläger wegen einer Mietzinsforderung in Anspruch genommen wird. Beide Parteien sind anwaltlich vertreten.

Abgelehnt wird Amtsgerichtsrat L (3 ×), großes AG, 1971.

Abgl. Richter: unbegründet   LG: unbegründet

(9 AR 34/70) Der Richter wolle die Aussage nicht protokollieren lassen und habe erklärt, daß er beide Zeugen für gleich glaubwürdig halte.

B. Die Ablehnungsgründe im einzelnen

Antragsteller ist der Kläger, beide Parteien sind anwaltlich vertreten.
Abgelehnt wird Amtsgerichtsrat C (7 ×), großes AG, 1970.
Abgl. Richter: unbegründet   LG: unbegründet

(9 AR 30/66) Der Richter glaube dem Gegner mehr als ihr, denn er verlange von ihr mehr Beweise.
Antragsteller ist die Beklagte, ohne Anwalt.
Abgelehnt wird Amtsgerichtsrat X, große AG, 1966.
Abgl. Richter: unbegründet   LG: unbegründet

(9 AR 1/63) Der Richter habe Zeugen nicht geladen.
Antragsteller ist der Beklagte, ohne Anwalt, der Kläger ist anwaltlich vertreten.
Abgelehnt wird Amtsgerichtsrat Q (4 ×), großes AG, 1963.
Abgl. Richter: unbegründet   LG: unbegründet
OLG: unzulässig

(9 AR 12/69) Der Richter habe die Einholung eines Gutachtens angeordnet darüber, ob die Einflußnahme eines Elternteiles zu Störungen in der kindlichen Entwicklung geführt hätte. Gegen diesen vorsätzlichen Betrugsbeschluß, die absichtlich einseitige Formulierung und gegen die skrupelose Absicht, den Willen des Kindes ein weiteres Mal mit seelischer Grausamkeit zu brechen, wende er sich.
Antragsteller ist der anwaltlich nicht vertretene Kläger, der eine Änderung der Besuchsregelung begehrt.
Abgelehnt wird Amtsgerichtsrat Q (1 ×), großes AG, 1969.
Abgl. Richter: unbegründet   LG: unbegründet

ff) Vergleichsvorschlag

Anteil: 2 %

(9 AR 25/68) Der Richter habe in seinem Vergleichsvorschlag zu erkennen gegeben, daß er die Kündigung des Klägers und dessen Räu-

mungsklage für begründet ansehe. Sie müsse annehmen, daß der Richter auf Seiten des Klägers stehe.

Antragsteller ist die Beklagte in einem Räumungsprozeß. Beide Parteien sind ohne anwaltliche Vertretung.

Abgelehnt wird Amtsgerichtsrat H (2 ×), großes AG, 1968.

Abgl. Richter: unbegründet   LG: unbegründet

OLG: unbegründet

(9 AR 26/69) Der Richter habe im Laufe der Verhandlung den Vergleichsvorschlag gemacht, daß die Beklagten auf ihre angeblichen Ansprüche und die Klägerin auf ihre Restforderung verzichten sollten. Hierauf habe er, der Prozeßbevollmächtigte der Klägerin, erklärt, daß er in diesem Fall die Klage gar nicht hätte zu erheben brauchen, worauf der Richter erwidert habe, das meine er auch. Damit habe sich der Richter vor einer Aufklärung der Sache innerlich bereits auf die Seite der Beklagten gestellt. Dies schließe die Klägerin auch daraus, daß die Beklagten anwaltlich nicht vertreten seien. In einem anderen Verfahren nämlich habe dieser Richter auch zugunsten des nicht anwaltlich vertretenen Mieters entschieden.

Antragsteller ist die anwaltlich vertretene Klägerin in einem Räumungsprozeß. Die beklagten Mieter sind ohne Anwalt.

Abgelehnt wird Amtsgerichtsrat G (6 ×), großes AG, 1969.

Abgl. Richter: unbegründet   LG: unbegründet

(9 AR 14/68) Die Richterin habe ihn durch Androhung hoher Kosten im Weigerungsfall zur Anerkennung der eingeklagten Forderung im Vergleich zu zwingen versucht.

Antragsteller ist der anwaltlich nicht vertretene Beklagte, dessen Zahnarzt auf Honorarzahlung klagt. Der Kläger ist anwaltlich vertreten.

Abgelehnt wird Amtsgerichtsrätin T (5 ×), großes AG, 1968.

Abgl. Richter: unbegründet   LG: unbegründet

gg) Sonstige Gründe

Anteil: 12,5 %

(9 AR 27/70) Die im Auflagenbeschluß erwähnten Punkte seien schon in seinem Schriftsatz behandelt, der Beschluß diene daher nur der Pro-

B. Die Ablehnungsgründe im einzelnen

zeßverschleppung und zeige, daß der Richter der Sache geistig nicht gewachsen und befangen sei.

Antragsteller ist der Kläger. Beide Parteien sind ohne anwaltliche Vertretung.

Abgelehnt wird Amtsgerichtsrat Dr. Y (1 ×), großes AG, 1970.

Abgl. Richter: unbegründet   LG: unbegründet

(9 AR 28/68) Der Amtsgerichtspräsident habe in seinen Entscheidungen und Berichten an den OLG-Präsidenten eine fortgesetzte feindselige Gesinnung erkennen lassen.

Antragsteller ist der anwaltlich nicht vertretene Kläger.

Abgelehnt wird Amtsgerichtspräsident H (1 ×), großes AG, 1968.

Abgl. Richter: unbegründet   LG: unbegründet
OLG: unbegründet

(9 AR 19/63) Der Richter habe außerhalb der Legalität gehandelt, da er das Steuergeheimnis verletzt habe.

Antragsteller ist der anwaltlich vertretene Beklagte.

Abgelehnt wird Amtsgerichtsrat H (3 ×), großes AG, 1963.

Abgl. Richter: unbegründet   LG: unbegründet
OLG: unbegründet (§ 43)

(9 AR 7/64) Der Richter habe prozeßleitende Maßnahmen seines Vorgängers für rechtens erklärt, die aber waren eine Fehlentscheidung.

Antragsteller ist der Kläger, ohne Anwalt, der Beklagte ist anwaltlich vertreten.

Abgelehnt wird Gerichtsassessor M (1 ×), großes AG, 1964.

Abgl. Richter: unbegründet   LG: unzulässig (§43)
OLG: unzulässig (§ 43)

(9 T 25/72) Der Richter habe ihre Zustimmung zum schriftlichen Verfahren durch Androhung von Kostennachteilen erpreßt.

Antragsteller ist die Beklagte. Beide Parteien sind ohne anwaltliche Vertretung.

Abgelehnt wird Oberamtsrichter H (3 ×), großes AG, 1972.

Abgl. Richter: unbegründet   LG: unzulässig (§43)
OLG: unzulässig (§ 43)

2. Teil: Die Ablehnungsgründe

(9 AR 27/69) Er habe die Besorgnis, daß die Sache rechtlich und sachlich nicht richtig behandelt werde.

Antragsteller ist der Beklagte, ohne Anwalt, der Kläger ist anwaltlich vertreten.

Abgelehnt wird Amtsgerichtsrat X, großes AG, 1969.

Abgl. Richter: unbegründet   LG: unbegründet

OLG: unbegründet

(9 AR 22/67) Er und sein Rechtsanwalt hätten Kritik an den Prozeßhandlungen des Richters zu üben.

Antragsteller ist der anwaltlich vertretene Beklagte.

Abgelehnt wird Amtsgerichtsrat Dr. S (3 ×), kleines AG, 1967.

Abgl. Richter: unbegründet   LG: unbegründet

OLG: unbegründet

(9 AR 12/65) Die Richterin folge den unwahren Behauptungen der Gegenseite.

Antragsteller ist die Beklagte, ohne Anwalt.

Abgelehnt wird Amtsgerichtsrätin H (9 ×), großes AG, 1965.

Abgl. Richter: unbegründet   LG: unbegründet

(9 AR 22/64) Der Richter habe die Partei des Klägers ergriffen und ihm gedroht.

Antragsteller ist der Beklagte, der von einem Rechtsanwalt verklagt wird.

Abgelehnt wird Amtsgerichtsrat V (5 ×), großes AG, 1964.

Abgl. Richter: unbegründet   LG: unbegründet

(9 AR 26/65) Der Richter gebe ihm kein Recht und handle nicht nach Lage der Akten.

Antragsteller ist der anwaltlich vertretene Kläger.

Abgelehnt wird Amtsgerichtsrat N (1 ×), großes AG, 1965.

Abgl. Richter: unbegründet   LG: unbegründet

B. Die Ablehnungsgründe im einzelnen 55

(9 AR 12/63) Der Richter habe materielles Recht verletzt.
Antragsteller ist der Kläger, ohne Anwalt, der gegen einen Rechtsanwalt klagt.
Abgelehnt wird Amtsgerichtsdirektor z. Wv. Dr. N (6 ×), großes AG, 1963.
Abgl. Richter: unbegründet   LG: unbegründet
OLG: unbegründet

(9 AR 2/65) Der Richter habe ihn in ungehöriger Form behandelt.
Antragsteller ist der Beklagte, beide Parteien sind ohne Anwalt.
Abgelehnt wird Amtsgerichtsrat Dr. O (5 ×), großes AG, 1965.
Abgl. Richter: unbegründet   LG: unbegründet

(9 AR 4/70) Er lehne die Richterin ein für allemal ab. Sie sei von Anbeginn an brutal nazistisch gegen ihn vorgegangen, sie habe sogar einen anderen Richter gegen ihn aufgewiegelt.
Antragsteller ist der Kläger, ohne Anwalt.
Abgelehnt wird Amtsgerichtsrätin Dr. T (2 ×), großes AG, 1970.
Abgl. Richter: unbegründet   LG: unbegründet

(9 AR 23/65) Der Richter habe Rechtsbeugung begangen.
Antragsteller ist der Kläger, ohne Anwalt.
Abgelehnt wird Amtsgerichtsrat O (5 ×), großes AG, 1965.
Abgl. Richter: unbegründet   LG: unbegründet

(9 AR 32/67) Der Richter sei parteiisch.
Antragsteller ist der Kläger, ohne Anwalt.
Abgelehnt wird Amtsgerichtsrat Dr. G (3 ×), kleines AG, 1967.
Abgl. Richter: unbegründet   LG: unbegründet

(9 AR 32/70) Sie lehne den Richter in allen Sachen ab, da er unwahre Angaben mache, frech und ungerecht sei.
Antragsteller ist die anwaltlich nicht vertretene Beklagte.
Abgelehnt wird Amtsgerichtsrat Dr. M (7 ×), kleines AG, 1970.
Abgl. Richter: unbegründet   LG: unbegründet

c) Urteil

Quelle dieser Befangenheitsbegründungen ist die letzte richterliche Handlung des Prozesses: das den Rechtsstreit vor dem Amtsgericht abschließende Endurteil.

Anteil: 4,5 %

(9 T 20/71) Der Richter habe ihn verschaukelt.
Antragsteller ist der Beklagte, ohne Anwalt.
Abgelehnt wird Amtsgerichtsrat C (1 ×), kleines AG, 1971.
Abgl. Richter: unbegründet   LG: unbegründet
OLG: unbegründet

(9 AR 9/69) Aufgrund des Fehlurteils lehne er den Richter ab.
Antragsteller ist der anwaltlich vertretene Beklagte.
Abgelehnt wird Amtsgerichtsrat C (7 ×), großes AG, 1969.
Abgl. Richter: unbegründet   LG: unbegründet
OLG: unbegründet

(9 AR 11/64) Die Prozeßführung in Verbindung mit den Urteilsgründen lasse den Verdacht der Befangenheit aufkommen.
Antragsteller ist der Beklagte, ohne Anwalt, der Kläger ist anwaltlich vertreten.
Abgelehnt wird Gerichtsassessor Q (3 ×), kleines AG, 1964.
Abgl. Richter: unbegründet   LG: unbegründet

(9 AR 13/64) Das Vollstreckungsurteil sei ein Terrorurteil, das gegen die Menschenrechtskonvention und gegen Artikel 103 Grundgesetz verstoße.
Antragsteller ist der Kläger, ohne Anwalt.
Abgelehnt wird Amtsgerichtsrat S (3 ×), kleines AG, 1964.
Abgl. Richter: unbegründet   LG: unbegründet
OLG: unbegründet

(9 AR 36/68) Der Richter habe ihre Motive dafür, warum sie den Hausfrieden durch Spottverse gestört habe, nicht berücksichtigt.

Antragsteller ist die anwaltlich nicht vertretene Beklagte in einem Räumungsprozeß, der klagende Vermieter ist anwaltlich vertreten.

Abgelehnt wird Amtsgerichtsrat H (2 ×), großes AG, 1968.

Abgl. Richter: unbegründet   LG: unbegründet

(9 AR 16/67) Der Richter habe die Klage in Höhe von 20,41 DM abgewiesen, obwohl dieser Betrag überhaupt nicht begehrt worden war. Er sei unfähig, diesen Prozeß zu entscheiden, der jetzt schon seit drei Jahren laufe, herausgekommen seien bisher immer nur Teilurteile.

Antragsteller ist die Klägerin. Beide Parteien sind anwaltlich vertreten.

Abgelehnt wird Amtsgerichtsrat C (7 ×), großes AG, 1967.

Abgl. Richter: unbegründet   LG: unbegründet

(9 AR 30/70) Er lehne den Richter wegen antisemitischer Manipulationen des Verfahrens ab, wie z. B. verspätete Zustellung des Urteils, Ablehnung ihm einen Anwalt beizuordnen, und der Verwertung offenkundiger Falschaussagen im Prozeß.

Antragsteller ist der Beklagte, ohne Anwalt.

Abgelehnt wird Amtsgerichtsrat Dr. F (1 ×), großes AG, 1970.

Abgl. Richter: unbegründet   LG: unzulässig

III. Verhalten des Richters in einem früheren Prozeß

Die Anhaltspunkte für die behauptete Parteilichkeit des Richters knüpfen sich nicht an dessen Verhalten im gegenwärtigen Verfahren, sondern nehmen Bezug auf Vorfälle, die gelegentlich eines früheren Prozesses geschehen und von der Art sind, daß sie noch zum jetzigen Zeitpunkt die Befangenheitsbesorgnis auszulösen vermögen.

Anteil: 8 %

(9 AR 12/67) In einem gerade abgeschlossenen Konkursverfahren, in dem er als Verwalter tätig gewesen sei, habe der Richter eine so ex-

treme Aversion gegen ihn gezeigt und betätigt, daß auch im vorliegenden Verfahren eine Befangenheit des Richters zu besorgen sei.

Antragsteller ist der Verwalter in einem Vergleichsverfahren, Rechtsanwalt T.

Abgelehnt wird Vergleichsrichter Dr. Q (5 ×), großes AG, 1967.

Abgl. Richter: unbegründet   LG: unbegründet
OLG: unbegründet

(9 AR 1/68) In früheren Verfahren sei es zu Spannungen gekommen, die auch in diesem Verfahren die Besorgnis der Befangenheit zu begründen geeignet seien.

Antragsteller ist der Vergleichsverwalter des vorhergehenden Falles, der hier in einem weiteren Vergleichsverfahren tätig wird.

Abgelehnt wird Vergleichsrichter Dr. Q (5 ×), großes AG, 1968.

Abgl. Richter: unbegründet   LG: unbegründet

(9 AR 21/70) Das Verhalten des Richters zeige, daß er dem vorausgegangenen Räumungsprozeß zwischen den Parteien, der auch von ihm geleitet wurde, und den dortigen Erörterungen Bedeutung beimesse für den jetzt anhängigen Rechtsstreit. Im früheren Verfahren habe sich der Richter ihm gegenüber nicht sachlich verhalten, sodaß er befürchte, der Richter werde nicht unparteiisch arbeiten.

Antragsteller ist der Kläger, ein Amtsgerichtsrat i. R., in einem Schadenersatzprozeß. Beide Parteien sind anwaltlich vertreten.

Abgelehnt wird Amtsgerichtsrat L (3 ×), großes AG, 1970.

Abgl. Richter: unbegründet   LG: unbegründet

(9 AR 37/65) In einem früheren Prozeß, der bei dem Richter anhängig gewesen sei, sei gegen den Beklagten wegen eines tätlichen Angriffs auf einen anderen Taxifahrer auf Leistung von Schadenersatz aus unerlaubter Handlung erkannt worden. In dem Urteil heiße es, das Gericht sei aufgrund der Aussagen verschiedener Zeugen sowie des Eindrucks, den der Beklagte mache, zu der Überzeugung gelangt, daß es sich bei ihm um einen „brutalen Schläger" handele. Damit habe der Richter, obwohl die Zeugenaussagen über das zu beurteilende Geschehen höchst widersprüchlich gewesen seien, durch die getroffene Feststellung zum

Ausdruck gebracht, daß es sich bei dem Beklagten um einen „Hang- und Veranlagungstäter" handele, dem immer wieder derartige Taten zugetraut werden müßten. Da der nunmehrige Kläger einen ähnlichen Vorfall behaupte, wie er Gegenstand des Vorprozesses gewesen sei, könne nicht ausgeschlossen werden, daß die im Urteil vom 19. November 1965 zum Ausdruck gekommene Überzeugung des Richters auch im vorliegenden Verfahren ihren Niederschlag finden werde.

Antragsteller ist der Beklagte, der von einem Taxifahrer auf Schadenersatz in Anspruch genommen wird. Beide Parteien sind anwaltlich vertreten.

Abgelehnt wird Amtsgerichtsdirektor z. Wv. Dr. N (6 ×), großes AG, 1965.

Abgl. Richter: unbegründet   LG: begründet

(9 AR 4/65) Der Richter habe im Mai 1960 ein Fehlurteil gegen ihn gesprochen; außerdem habe der Richter einen Strafantrag wegen Beleidigung gegen ihn gestellt.

Antragsteller ist der anwaltlich nicht vertretene Beklagte. Der Kläger ist anwaltlich vertreten.

Abgelehnt wird Amtsgerichtsrat H (3 ×), großes AG, 1965.

Abgl. Richter: unbegründet   LG: unbegründet

(9 T 46/72) Der Richter habe 1963 in einem Strafverfahren gegen ihn entschieden.

Antragsteller ist der Beklagte in einem Mietprozeß, in dem beide Parteien anwaltlich vertreten sind.

Abgelehnt wird Amtsgerichtsrat T (1 ×), großes AG, 1972.

Abgl. Richter: unbegründet   LG: unbegründet (§ 43)

(9 AR 21/64) Der Richter habe in einem 2 Jahre zurückliegenden Verfahren Strafanzeige gegen ihn erhoben.

Antragsteller ist der Kläger. Beide Parteien sind ohne Anwalt.

Abgelehnt wird Amtsgerichtsrat Dr. H (1 ×), großes AG, 1964.

Abgl. Richter: unbegründet   LG: begründet

(9 AR 14/70) Der Richter habe im Vorprozeß ihre Belange verletzt.

Antragsteller ist die Beklagte (Hausfrau), die auf Freigabe der Mietkaution von einem Gerichtsassessor verklagt wird. Beide Parteien sind anwaltlich vertreten.

Abgelehnt wird Amtsgerichtsrat G (6 X), großes AG, 1970.

Abgl. Richter: unbegründet   LG: unbegründet

OLG: unbegründet

(9 AR 4/67) Der Richter habe in einem früheren Verfahren, zu seinen, des Antragstellers, Ungunsten entschieden.

Antragsteller ist der Beklagte, beide Parteien sind ohne Anwalt.

Abgelehnt wird Amtsgerichtsrat Dr. I (2 X), großes AG, 1967.

Abgl. Richter: unbegründet   LG: unbegründet

(9 AR 1/67) Die Richterin habe in einem früheren Verfahren das Protokoll und das Versäumnisurteil abgeändert.

Antragsteller ist der anwaltlich nicht vertretene Beklagte. Der Kläger ist anwaltlich vertreten.

Abgelehnt wird Amtsgerichtsrätin T (5 X), großes AG, 1967.

Abgl. Richter: unbegründet   LG: unbegründet

(9 T 18/72) Die Richterin sei emotional nicht neutral. Sie habe früher gegen ihn entschieden und er habe sie damals wiederholt abgelehnt.

Antragsteller ist der anwaltlich nicht vertretene Beklagte, der Kläger ist anwaltlich vertreten.

Abgelehnt wird Amtsgerichtsrätin H (9 X), großes AG, 1972.

Abgl. Richter: unbegründet   LG: unbegründet

(9 AR 15/65) Die Richterin habe in einem früheren Verfahren (1962) negativ gegen ihn entschieden.

Antragsteller ist der Kläger. Beide Parteien sind ohne anwaltliche Vertretung.

Abgelehnt wird Amtsgerichtsrätin H (9 X), großes AG, 1965.

Abgl. Richter: unbegründet   LG: unbegründet

B. Die Ablehnungsgründe im einzelnen   61

(9 AR 16/65) Mit derselben Begründung lehnt der obige Antragsteller die Richterin in einem parallellaufenden Schadenersatzverfahren ab.

Abgl. Richter: unbegründet   LG: unbegründet

(9 AR 46/68) Der Richter habe in früheren Verfahren gegen ihre Anträge entschieden.

Antragsteller ist die Klägerin. Beide Parteien sind anwaltlich nicht vertreten.

Abgelehnt wird Amtsgerichtsrätin H (9 ×), großes AG, 1968.

Abgl. Richter: unbegründet   LG: unbegründet

OLG: unbegründet

IV. Eigenes Verhalten des Antragstellers

Diese Kategorie enthält die Fälle, welche die Rechtsprechung als „gewillkürt" charakterisiert, da deren Schaffung in das Belieben der Parteien gestellt sei. Ob die Gründe in der Tat generell so hausgemacht sind, wie behauptet, wird zu klären sein[9].

Anteil: 4,5 %

(9 AR 3/69) Wegen der früheren Ablehnung des Richters in anderen Sachen halte er den Richter auch in der vorliegenden Sache für befangen, da er das Gefühl habe, der Richter habe den Antrag übelgenommen.

Antragsteller ist der Beklagte, dessen Bank die Rückzahlung eines Darlehens fordert. Beide Parteien sind ohne Anwalt.

Abgelehnt wird Amtsgerichtsrat Y (10 ×), großes AG, 1969.

Abgl. Richter: unbegründet   LG: unbegründet

(9 AR 5/69) Mit obiger Begründung lehnt der Antragsteller denselben Richter erneut ab in einem weiteren Verfahren, 1969.

Abgl. Richter: unbegründet   LG: unbegründet

OLG: unzulässig

---
[9] S. unten Seite 102 f.

(9 T 7/72) Bereits in einem früheren Verfahren habe sie die Richterin abgelehnt.

Antragsteller ist die Klägerin in einer nachbarlichen Streitigkeit. Beide Parteien sind anwaltlich vertreten.

Abgelehnt wird Amtsgerichtsrätin H (9 ×), großes AG, 1972.

(9 T 8-12/72) Mit u. a. der obigen Begründung hat die Antragstellerin die Richterin in 5 weiteren Verfahren abgelehnt, die zwischen den Parteien anhängig sind.

Abgl. Richter: unbegründet   LG: unzulässig (§ 43)

OLG: unzulässig (§ 43)

(9 AR 1/69) Nachdem er die Ladung zur mündlichen Verhandlung im Zuchthaus erhalten habe, habe er den Richter gebeten, seine Vorführung anzuordnen, um den Termin persönlich wahrnehmen zu können. Der Richter habe das abgelehnt. Wegen dieser Verweigerung des Vorführungsersuchens habe er Dienstaufsichtsbeschwerde erhoben und Beschwerde beim Generalstaatsanwalt eingelegt mit der Bitte um Prüfung, ob ein Ermessensmißbrauch und eine Rechtsbeugung vorliege. Wegen dieser Schritte befürchte er, daß sich die Voreingenommenheit des Richters noch verstärken werde.

Antragsteller ist der anwaltlich nicht vertretene Beklagte, dessen Vermieter auf rückständigen Mietzins und Räumung der Wohnung klagt. Der Kläger ist anwaltlich vertreten.

Abgelehnt wird Amtsgerichtsrat G (6 ×), großes AG, 1969.

Abgl. Richter: unbegründet   LG: unbegründet

OLG: unbegründet

(9 AR 31/65) Er habe den Richter in der mündlichen Verhandlung öffentlich der Befangenheit und der Rechtsbeugung beschuldigt. Er habe diesen Vorwurf in einem Schreiben an den Justizminister wiederholt und hinzugefügt: „Ich bin nun natürlich gezwungen, gegen Herrn Amtsgerichtsrat Y Strafantrag zu stellen wegen Rechtsbeugung."

Antragsteller ist der Beklagte, der seinen Hund aus der Mietwohnung entfernen soll. Beide Parteien — Mieter und Vermieter — sind ohne anwaltliche Vertretung.

Abgelehnt wird Amtsgerichtsrat Y (10 X), großes AG, 1965, der in diesem Verfahren vom Antragsteller bereits zuvor mit anderer Begründung abgelehnt worden ist.

Abgl. Richter: unbegründet   LG: unbegründet

(9 AR 21/69) In einem früheren Verfahren — vorangegangener Fall (9 AR 31/65) — vor diesem Gericht habe er einen Richter der Rechtsbeugung beschuldigt. Aufgrund dieser Beschuldigung befürchte er eine Voreingenommenheit des jetzigen Richters, gegen den er menschlich aber nichts einzuwenden habe.

Antragsteller ist der anwaltlich nicht vertretene Mieter, der auf Herausgabe der Wohnung verklagt wird. Die klagende Wohnungsbaugesellschaft ist anwaltlich vertreten.

Abgelehnt wird Amtsgerichtsrat G (6 X), großes AG, 1969.

Abgl. Richter: unbegründet   LG: unbegründet

(9 AR 18/69) Zwischen dem Antragsteller und dem Richter sei ein Strafverfahren wegen Beleidigung anhängig gewesen.

Antragsteller ist der anwaltlich nicht vertretene Kläger in einem Räumungsprozeß. Die beklagte Mieterin ist anwaltlich vertreten.

Abgelehnt wird Oberamtsrichter Dr. I (2 X), großes AG, 1969.

Abgl. Richter: begründet

(9 AR 18/69) Der Richter sei in einem früheren Prozeß nur gegen ihn vorgegangen, deswegen habe er ihn damals abgelehnt. Es handelt sich hier um dasselbe Verfahren wie im vorhergehenden Fall. Da der zuerst abgelehnte Richter dem Antrag zugestimmt hat, ist der Prozeß auf den geschäftsplanmäßigen Vertreter übergegangen.

Abgelehnt wird jetzt Amtsgerichtsrat Dr. Y (6 X), großes AG, 1969.

Abgl. Richter: unbegründet   LG: unbegründet

Dritter Teil

Die Antragsteller

A. Prozessuale Position

Ablehnungsanträge können von den beiden Parteien des Prozesses gestellt werden. Auf den ersten Blick könnte man daher vermuten, daß die Ablehnungsgesuche zu annähernd gleichen Teilen vom Kläger und Beklagten herrühren. Diese Vermutung läßt sich nicht bestätigen. Vielmehr ergibt sich, daß die beklagte Partei fast doppelt soviele Ablehnungen ausspricht wie die klägerische. Eine prozentuale Zuordnung der Ablehnungsgesuche entsprechend der prozessualen Position der Antragsteller macht dies deutlich:

62 % der Anträge kommen von Beklagten
38 % der Anträge werden von Klägern gestellt[1].

Eine Ursache für diese ungleiche Gewichtung wird man in der unterschiedlichen Rollenverteilung im Prozeß sehen können. Es scheint verständlich, daß der mit der Klage angegriffene und vor Gericht gezogene bzw. mitgezogene Beklagte subjektiv vielfach aus der Defensive heraus reagieren und in manchen Fällen die staatliche Gewalt als verlängerten Arm des Klägers sehen und in ihrer richterlichen Verkörperung als Hilfstruppe des Gegners dann beargwöhnen und dementsprechend behandeln wird, wenn sie sich in seinen Augen als solche entpuppt.

Zu klären bleibt, ob sich diese mehr psychologische Argumentation durch objektive Befunde erhärten läßt. Frage: Wie sieht die Kräfteverteilung zwischen den Parteien konkret aus? Bezugspunkte für eine Antwort können sich daraus ergeben, inwieweit sich die Parteien juristischer Hilfe für ihren Prozeß bedienen.

B. Prozessuales Potential

Gemäß § 79 in Verbindung mit § 78 ZPO können Kläger und Beklagte ihren Prozeß vor dem Amtsgericht selbst führen; zur Heranziehung eines Rechtsanwaltes sind sie berechtigt, aber nicht verpflichtet.

---

[1] Das gewohnte Prozeßschema mit der Aufteilung der Parteien in die Funktionen als Kläger/Beklagte bzw. Antragsteller/Antragsgegner findet sich in 164 der 171 zugrundeliegenden Prozesse.

Von der Möglichkeit, sich anwaltlicher Hilfe zu versichern, haben vorliegend rund die Hälfte (= 45 %) der Parteien Gebrauch gemacht. Schlüsselt man nun diese Hälfte auf, zeigt sich, daß die anwaltliche Unterstützung nicht zu gleichen Teilen auf Kläger und Beklagte verteilt ist. Vielmehr stehen von den 147 beauftragten Rechtsanwälten 89 (= 61 %) auf Seiten der Kläger, während sich die Beklagten in geringerem Umfange, nämlich zu 39 %, auf anwaltliche Hilfe stützen. Das Grundmuster der untersuchten Prozesse ist damit hinreichend skizziert: rund die Hälfte der Parteien ist anwaltlich vertreten, wobei sich die anwaltliche Tätigkeit verstärkt auf der Seite des Klägers finden läßt.

Stellt man nun auf die Person des Ablehnenden ab, so ergibt sich eine signifikante Abweichung von diesem Grundschema: statt zu möglichen 45 % sind die Antragsteller nur zu 26 % anwaltlich vertreten. Anders gesagt: ³/₄ der Ablehnungsanträge kommt also von Parteien, die keine anwaltliche Unterstützung haben.

Zur Frage, wie „stark" oder „schwach" die Position des Antragstellers ist, vermag das bisherige Ergebnis nichts Endgültiges auszusagen. Denn diese Begriffe erhalten ihre volle Aussagekraft aufgrund ihres interdependenten Charakters erst dann, wenn man sie am jeweiligen Gegner mißt. Gefragt werden muß also auch nach dem Kräftepotential der Partei, die dem Antragsteller als Gegner im Prozeß gegenüber steht.

Als Antwort ergibt sich, daß in 107 von 164 Prozessen der Gegner des Antragstellers anwaltlich vertreten ist. Der Kräftevergleich geht also eindeutig zu Ungunsten der Antragsteller aus, die zu 74 % nicht nur nicht anwaltlich vertreten sind, sondern in 65 % der Verfahren auch noch einer anwaltlich vertretenen Partei gegenüber stehen.

C. Berufliche Gliederung der Antragsteller

Die Frage, ob irgendwelche Berufsgruppen bevorzugt von dem Ablehnungsrecht Gebrauch machen, läßt sich abschlägig beantworten. Irgendeine relevante Abweichung von der durchschnittlichen beruflichen Gliederung der Prozeßparteien ist nicht ersichtlich. Von einer detaillierten Aufzählung kann daher abgesehen werden.

Vielmehr soll das Interesse auf zwei besondere Gruppen von Antragstellern gelenkt werden, auf die Juristen und die Strafgefangenen. Dies aus folgendem Grunde: es läßt sich nämlich zeigen, daß Zweifel an der richterlichen Unparteilichkeit nicht nur — wie man es vielleicht gerne sehen möchte — von Personen kommen, denen man derartiges ohnehin zutraut, sondern auch von solchen, die leicht zu nehmen schwerer fällt. von Juristen.

Unter den 171 Antragstellern befinden sich 12 Juristen: 10 Rechtsanwälte, 1 Referendar und ein pensionierter Amtsrichter.

Letzterer trägt folgendes vor: „Das Verhalten des Richters zeige, daß er dem vorausgegangenen Räumungsprozeß zwischen den Parteien, der auch von ihm geleitet wurde, und den dortigen Erörterungen Bedeutung beimesse für den jetzt anhängigen Rechtsstreit. Im früheren Verfahren habe sich der Richter ihm gegenüber nicht sachlich verhalten, so daß er befürchte, der Richter werde nicht unparteiisch arbeiten." (9 AR 21/70).

Der Gerichtsreferendar leitet seine Befangenheitsbefürchtung aus einer objektiv unzulässigen Handlungsweise des Richters her. Er führt aus, er habe dem Richter nach der mündlichen Verhandlung einen Schriftsatz übergeben, dessen Annahme der Richter abgelehnt habe. Daher hege er Zweifel an der richterlichen Objektivität. (9 AR 3/64).

Bei den Rechtsanwälten gründet sich das Mißtrauen vielfach auf Reaktionen des Richters, aus denen unzweideutig Animositäten erkennbar werden. So wenn der Richter sagt: „Ich als Konkursrichter fühle mich berechtigt, auf Sie als Verwalter jeden Druck auszuüben, psychologisch und auch mit anderen Mitteln." (9 AR 10/67)

Oder nachträglich folgenden handschriftlichen Randvermerk in die Sitzungsniederschrift einträgt: „Währenddessen Toben des Rechtsanwaltes Dr. O.!". (9 AR 3/67)

Der Anteil der Strafgefangenen an den 171 Anträgen beträgt 5 und ist damit um die Hälfte geringer als der der Juristen. Eine typische Ablehnungsbegründung, die ihrer Ursache nach wiederholt genannt wurde: „Vor dem Termin zur mündlichen Verhandlung habe er das Gericht wiederholt um die Absendung eines Vorführungsersuchens an seinen Anstaltsvorstand gebeten, weil er andernfalls den Termin nicht habe wahrnehmen können. Seinem Antrag habe der Richter nicht stattgegeben, sodaß ein Versäumnisurteil gegen ihn ergangen sei, was er als formalistisch und willkürlich empfände. Im übrigen sei dadurch, daß er den Termin nicht habe wahrnehmen können, sein Anspruch auf rechtliches Gehör verletzt worden. In all diesem zeige sich die Voreingenommenheit des Richters gegen ihn als Zuchthausgefangenen." (9 AR 2/68)

D. Die Motivation

Im zweiten Teil dieser Untersuchung sind die ermittelten Gründe für die Befangenheitsablehnung dargestellt worden. In vielen Fällen ist der Antrag so gehalten, daß eine subjektiv berechtigte Sorge vor einem parteilichen Richter begründet erscheint. In anderen Fällen wiederum ist man geneigt zu vermuten, daß den Gesuchstellern die Ablehnung nur als Vorwand für andere Ziele dienen soll. Dieser letztere Aspekt soll im folgenden vertieft werden.

I. Querulanten

Nimmt man manche Aussage aus der Praxis, so sind es eigentlich die Querulanten, die das Ablehnungsrecht prägen und die von vielen Richtern als schlechthin prototypisch für die Motivations- und Seelenlage einer ablehnenden Partei angesehen werden. So spricht beispielsweise Wassermann hinsichtlich der Richterablehnungen von einer Zunahme des Querulantentums und behauptet, daß 50 % aller Ablehnungsgesuche querulatorische Neigungen der Antragsteller erkennen ließen[2]. Wassermann stützt sein Urteil auf eine von ihm vorgenommene Auswertung von Zahlenmaterial über Ablehnungsgesuche, das in den Jahren 1953 bis 1962 im Bereich der Zivilgerichte West-Berlins ermittelt worden ist[3].

Zu fragen ist, ob sich ähnliches für den hier untersuchten Oberlandesgerichtsbezirk behaupten läßt. Abzuklären ist also, welcher der Antragsteller sich als Querulant erwiesen, sich als „Nörgler, Quengler"[4], „streitsüchtig"[4], „boshaft"[5] oder „krankhaft Prozesse betreibend"[5] gezeigt hat. Am eindeutigsten läßt sich das in den Fällen feststellen, in denen den Antragstellern Neigungen der geschilderten Art bereits von medizinischer Seite bescheinigt worden sind. Dies ist bei 3 Antragstellern geschehen.

Im ersten Fall ergab eine ärztliche Untersuchung des Antragstellers, daß er „als Person mit paranoid-querulatorischer Reaktion und daher für die anhängigen Prozesse partiell geschäftsunfähig" anzusehen sei (OLG 5 W 7/63).

Im zweiten Fall handelt es sich um eine Frau, die an Schizophrenie leidet (OLG 10 W 2/69), und die 1968 und 1972 jeweils dieselbe Richterin abgelehnt hat. Gegenstand ihrer insgesamt sieben Prozesse sind nachbarliche Streitigkeiten[6].

Im dritten Fall ist dem Antragsteller gutachtlich attestiert worden, daß „seine Unzurechnungsfähigkeit nicht mit Sicherheit ausgeschlossen

---

[2] NJW 1963, Seite 429 (430).
[3] JR 1961, Seite 401 ff.
[4] Der große Duden, Fremdwörterbuch, 1966.
[5] Der neue Brockhaus, 1965.
[6] Da die 1972 von ihr angestrebten sechs Verfahren gegen eine Nachbarin von der Richterin zusammen verhandelt worden sind und das Landgericht in einem Beschluß für alle Prozesse über das Ablehnungsgesuch entschieden hat, ist dieses statistisch als ein Gesuch gewertet worden.

werden kann" (OLG 10 W 39/66). Überlieferte Aussprüche vermögen dies zu bestätigen. So beschimpfte er einen Richter als „Nazi-Verbrecher, Gangster, Erpresser" (9 AR 15/63), einem anderen rief er nach: „Ich werde jetzt feststellen lassen, ob ich deswegen hier in Köln kein Recht bekomme, weil ich ein Verdrängter aus Ostpreußen bin, oder ob es sich bei dem Richter um einen kommunistisch Angehauchten handelt." (9 AR 6/63)

Seine Ablehnungsanträge erstrecken sich über den gesamten Zeitraum der Untersuchung; insgesamt hat er in diesen 10 Jahren 11 Ablehnungsanträge gestellt, die dem Landgericht zur Entscheidung vorgelegt wurden. In mindestens 3 Fällen hat sich dieser Antragsteller darüberhinaus noch an das Oberlandesgericht gewandt. Hinzu kommen die Anträge, die dem Landgericht nicht zur Entscheidung vorlagen, da sie sich vorher durch Zustimmung des abgelehnten Richters erledigt hatten. Aus der landgerichtlichen Beschlußsammlung ergeben sich Hinweise auf 3 Fälle dieser Art, so daß von diesem Antragsteller mindestens 14 Ablehnungsanträge ausgingen.

Das ganze Ausmaß der Belästigung, welches die Justiz durch diesen Antragsteller erfuhr, zeigt sich jedoch erst, wenn man die in diesem Zeitraum gestellten Selbstablehnungsanträge der Richter hinzu nimmt. Insgesamt neunmal mußte sich das Landgericht mit Selbstablehnungsgesuchen befassen, in denen Richter auf ihre Befangenheit gegenüber diesem Antragsteller hinwiesen. Ein treffendes Bild von der Situation zeichnet die Selbstablehnung des Amtsrichters C. Dieser war bereits als dritter Richter in jenem Prozeß tätig, seine beiden Vorgänger — der zuständige Abteilungsrichter sowie dessen geschäftsplanmäßiger Vertreter — hatten sich bereits mit Erfolg selbst abgelehnt. C nun folgte ihnen nach mit der Begründung: er fühle sich deswegen befangen, weil der Kläger ihm in einem früheren Rechtsstreit 300 DM angeboten habe für den Fall, daß es ihm, dem Richter, gelänge, den Beklagten zur Räumung der Wohnung zu veranlassen. (9 AR 1/70)

Wo medizinische Hinweise fehlen, wird es allerdings vielfach schwierig, querulatorische Neigungen eindeutig zu konstatieren. Sicher gibt es Fälle, wie den folgenden, in denen sich aus der Ausdrucksweise des Antragstellers unschwer erkennen läßt, was ihn motiviert[7].

„In der einstw. Verfügungssache A gegen B hat sich *ABGELEHNTER* in seinem *VERMERK* vom 21. v. M. dahin ausgelassen, *ich sei ein hinreichend bekannter Querulant*. Damit kommt die *feindselige Gesinnung dieses OAR hinreichend* zum Ausdruck. Ich fühle mich jedoch nunmehr verpflichtet, *hierzu weiterauszuholen*. Wegen der Feiertage bitte ich vorsorglich um eine Fristbewilligung bis zum *10. 1. 1964*. Damit Sie in

---

[7] 9 AR 21/63; 9 AR 22/63. — Die Typographie entspricht dem Original.

D. Die Motivation

etwa wissen, mit welchem Gesuchsteller Sie es zu tun haben, erlaube ich mir, Ihnen einen *kleinen Vorgeschmack* meiner *AUSFECHTUNGEN* als *BEIPACK* zu überreichen."

Nachzutragen bleibt, daß die Exaltiertheit des Antragstellers nicht gänzlich unberechtigt, sondern zu einem gewissen Grade von dem abgelehnten Richter wohl auch provoziert worden war, so daß dieser sich auf Drängen des Landgerichts für befangen erklärte[8].

Erkennbar querulatorisch sind auch im nächsten Fall Vorgehen und Ausdrucksweise des Antragstellers, der in 2 Verfahren mehrere Ablehnungen aussprach[9]. Als diese erfolglos blieben, wandte er sich mit einer Beschwerde an den Justizminister, in der es u. a. heißt:

„Meine Beschwerde richtet sich gegen den Beschluß vom 20. Oktober 1965 des Landgerichtes 9. Zivilkammer... In diesem Beschluß heißt es unter anderem. Herr Amtsgerichtsrat Y will nicht gehört haben, daß ich ihn in der Gerichtsverhandlung vom 10. Juni öffentlich der Befangenheit und der Rechtsbeugung beschuldigt habe. Herr Amtsgerichtsrat Y hat sich da plötzlich eine Gedächtnislücke zurechtgelegt. Meine Ablehnung gegen Herrn Amtsgerichtsrat Y besteht nach wie vor. Herr Amtsgerichtsrat Y hat nie eine Verhandlungsbereitschaft gezeigt. Es geht nicht an wenn bei ihm zwei Parteien erscheinen, er leichtfertig eine Entscheidung trifft um den Fall los zu sein. Was ist nun wirklich zu bemängeln. Der Richter hat zunächst beide Seite anzuhören, Fragen zu stellen und so weiter... Schon jetzt mache ich Sie darauf aufmerksam, daß obwohl Herr Amtsgerichtsrat Y am 12. Oktober wo ich ihn abermals für befangen erklärte, im Sitzungssaal anschließend verkündete, Urteil in 3 Wochen. Ich ihm zutraute ein Urteil ohne Verhandlung zu fällen, ich auf dieses Urteil gewartet habe. Er hat sich aber doch eines besseren besonnen, und bin nun wieder für den 25. November 1965 zu einer weiteren Sitzung in dieser Angelegenheit vorgeladen. Auch in dieser Sitzung werde ich ihn ablehnen. Da ich genau weiß daß seine Befangenheit nach wie vor besteht. Ich werde das anschließend der zuständigen Geschäftsstelle mitteilen. Ich betone nochmals daß ich nicht gewillt bin einen Richter wegen Befangenheit nicht erklären zu dürfen. Meine Gründe dafür sind ausreichend. Es ist mir in Erinnerung, daß Sie mir Herr Justizminister in einem vorangegangenen Schreiben einmal geschrieben haben, daß der Richter in seinen Entscheidungen unabhängig ist. Da kann er also mit den Menschen machen, was er will. Das geht ja nun auch nicht. Ich bin nun natürlich gezwungen, gegen Herrn Amtsgerichtsrat Y Strafantrag zu stellen, wegen Rechtsbeugung. Die hier in jedem Falle gegeben ist. Ich ersuche um baldige Stellungnahme

---

[8] Siehe unten Seite 79.
[9] 9 AR 31/65, 9 AR 21/69.

in dieser Angelegenheit, damit ich in diesem Falle und im Falle einer Ablehnung Ihrerseits die Klage weiterleiten kann an höhere Stellen."

Weitere Fälle von Querulantentum lassen sich nur vermuten. Da sich sichere Anhaltspunkte aus den Beschlüssen des Landgerichts expressis verbis nicht ergeben, kann ihre Zahl nur vage angegeben werden. Als Hilfsmittel zur Identifikation von querulatorischen Neigungen diente dabei folgende Definition, die sich von den eingangs widergegebenen gängigen Umschreibungskürzeln durch eine differenziertere Sicht abhebt. Ihr zufolge ist jemand dann als Querulant zu bezeichnen, wenn er dazu neigt, gegen tatsächliches oder vermeintliches Unrecht in einem derartigen Grade aufzubegehren, daß Anlaß und Ausmaß der Reaktion in keinem rechten Verhältnis mehr zueinander stehen[10].

Liest man die Ablehnungsbegründungen auf diese Merkmale hin durch, so liegt die Gesamtzahl aller Anträge bei 34, was einem Anteil von 20 % entspricht. Dies bedeutet eine erhebliche Abweichung gegenüber dem von Wassermann ermittelten Querulantenanteil von 50 %.

Die Ursache hierfür kann in folgendem liegen: es ist denkbar, daß es in Berlin objektiv mehr Querulanten gibt als im Kölner Raum. „Objektiv" setzt aber voraus, daß die gegensätzlichen Aussagen unter Verwendung eines identischen Wertungsmaßstabes erstellt worden sind. Denn der Begriff Querulant ist nicht so eindeutig festgelegt, als daß es einer übereinstimmenden Definition seines Inhalts nicht bedürfte.

Nähere Aussagen über die Kriterien, die Wassermann anwandte, um einer ablehnenden Partei das Kennzeichen „Querulant" zu geben, liegen nicht vor. Eine eigene Beurteilung des Berliner Zahlenmaterials war nicht möglich, da dieses — vor über 20 Jahren zusammengestellt — nicht mehr greifbar ist[11]. Die Frage, ob es in Berlin mehr als doppelt soviele Querulanten gibt wie in Köln oder ob dies nur so scheint, weil die Bewertungskriterien ungleich sind, ist daher nicht abschließend zu klären.

Bezüglich der Realitätsnähe des Kölner Ergebnisses — (20 %) — sei eine Äußerung von Teplitzky erwähnt, der sich auf Richterseite wohl am intensivsten mit der Problematik der Befangenheitsablehnung im Zivilverfahren befaßt hat. Aufgrund eigener praktischer Erfahrung im Bereich des OLG Köln schätzt er den Anteil von Querulanten unter den Antragstellern auf „höchstens 10 %"[12]. Für den Kölner Raum läßt sich somit nach allem die unterschwellige Gleichung Ablehnender = Querulant nicht bestätigen, sondern feststellen, daß 80 % aller Gesuche von nicht-querulatorischen Antragstellern stammen.

---

[10] Brockhaus Enzyklopädie, 1973.
[11] Freundliche Mitteilung von Wassermann auf Anfrage des Verfassers.
[12] Äußerung gegenüber dem Verfasser.

II. Taktiker

1. Methode

Gezielte und konstruierte Befangenheitsablehnungen aus der Intention heraus, die Person des Richters zu manipulieren, um so statt des gesetzlichen Richters, einen genehmeren zu erhalten oder generell eine Verzögerung des Verfahrens zu erreichen, gibt es und hat es in allen Verfahrensarten gegeben.

Bekannt ist dies besonders aus dem Strafprozeß sowie aus Verfahren vor dem Bundesverfassungsgericht, dessen Präsident von einer Versuchung spricht „derartige Anträge gezielt mit der Absicht zu stellen, einen Richter aus dem Senat herauszuschießen, um dadurch die vermuteten Mehrheitsverhältnisse für sich günstig zu beeinflussen[13]".

Erinnert sei in diesem Zusammenhang an die erfolgreiche Ablehnung des Verfassungsrichters Rottmann im Rahmen der bayrischen Verfassungsklage über den Grundvertrag[14] sowie an eine diesbezügliche Bemerkung des CSU-Vorsitzenden Strauß am Tage der Urteilsverkündung: „Bei der Konstruktion und *Zusammensetzung* des Gerichts" sei das ursprüngliche Ziel, den Grundvertrag als unvereinbar mit dem Grundgesetz erklären zu lassen, nicht erreichbar gewesen[15].

Zu untersuchen war, ob ähnliche Tendenzen auch auf der Ebene des Amtsgerichts zu finden sind. Ausgangspunkt soll der Fall des Antragstellers A sein. A hat — über 5 Jahre verteilt — insgesamt 8 Ablehnungsanträge gestellt und dabei das gesamte Register möglicher Ablehnungsgründe durchprobiert. Exemplarisch zeigt dies sein Gesuch aus dem Jahr 1964, das er wie folgt begründete:

1. der Richter habe ungesetzlich gehandelt, da er seine Einwendung, den Termin zu vertagen, damit kein Versäumnisurteil ergehe, nicht beantwortet und stattdessen ein Versäumnisurteil erlassen habe.
2. habe er diesen Richter bereits 1960 einmal abgelehnt, weswegen jener jetzt ihm gegenüber befangen sei.
3. sei der Richter ohnehin gemäß § 41 Nr. 1 ZPO kraft Gesetzes von der Ausübung des Richteramtes ausgeschlossen, da er ihm gegenüber regreßpflichtig sei.
4. sei der Richter auch gemäß § 41 Nr. 6 ZPO kraft Gesetzes ausgeschlossen.

---

[13] Benda, in: Der Spiegel, Nr. 26 vom 25. Juni 1973, S. 33.
[14] Siehe BVerfG, NJW 1973, 1267/68.
[15] Zitiert nach „Frankfurter Rundschau" vom 1. 8. 1973 (Hervorhebung vom Verfasser).

Das Landgericht wies den Antrag mit einer detaillierten Begründung zurück, in der u. a. gegen Schluß stand „soweit der Beklagte sein Gesuch auf § 41 Ziffer 1 ZPO stützt, kann es ebenfalls keinen Erfolg haben. Es ist nicht glaubhaft gemacht, daß der abgelehnte Richter gegenwärtig zum Beklagten im Verhältnis des Regreßpflichtigen steht. Das kann sich allerdings ändern, falls der Beklagte tatsächlich den Amtsgerichtsrat T regreßpflichtig macht." (9 AR 12/64)

Den letzten Satz empfand der Antragsteller offensichtlich als Anregung zu weiteren Schritten. Folgerichtig versicherte er in der nächsten mündlichen Verhandlung, er werde Amtsgerichtsrat T auf Schadenersatz verklagen. Daraufhin erklärte sich der Richter für befangen und A hatte sein Ziel erreicht. Ein anderer Richter, der aufgrund des Geschäftsverteilungsplanes jahrelang mit diesem Antragsteller zu tun hatte, und von diesem in vier verschiedenen Prozessen erfolglos abgelehnt wurde, erinnert sich, daß A ihn immer nur dann abgelehnt habe, wenn A die beklagte Partei gewesen sei. Als Kläger dagegen habe A keine Mühe gescheut, ihn als Richter zu bekommen bzw. zu behalten. In der Tat hat A aller hier erfaßten acht Gesuche stets aus der Beklagtenposition heraus gestellt.

Neben A ist lediglich ein zweiter Antragsteller als beharrlicher Taktiker aufgefallen. Von diesem gingen zwei Ablehnungsgesuche aus, eines davon bis zum Oberlandesgericht. Wie die Begründungen erkennen lassen, gibt es weitere Antragsteller, die das Ablehnungsrecht bewußt taktisch handhaben. So z. B. eine große Krankenversicherung, die den Richter deswegen ablehnt, weil sie sich von ihm genötigt fühlt, da er sie aufgefordert habe, den Namen des zuständigen Vorstandsmitglieds zu nennen, damit dieser als Zeuge geladen werden könne. (9 AR 34/67)

Die genaue Zahl dieser taktischen Gesuche ist nicht zu ermitteln, da sich die vermutete Tendenz nicht aufgrund weiterer Anträge festmachen läßt. Aber gerade weil sie nur sporadisch in Erscheinung treten, dürften sie auch in den Augen der Justiz nur eine untergeordnete Rolle spielen, denn belästigend und anstrengend sind nur die Antragsteller, die mit unermüdlicher Permanenz über Jahre hindurch ihre taktischen Ziele verfolgen.

2. Prozeßverzögerung

Abschließend zu klären bleibt, welchen Zeitgewinn Taktiker eigentlich durch eine Ablehnung erreichen können. Es ist dies die allgemeine Frage nach der Prozeßverzögerung, die durch einen Ablehnungsantrag verursacht wird.

D. Die Motivation

Daß ein Ablehnungsgesuch auf den Fortgang des Prozesses verzögerlich wirkt, ist notwendige Folge einer rechtsstaatlichen Ausgestaltung des Verfahrens.

Zunächst wird der Richter, der dem Gesuch nicht zustimmt, den Prozeß vertagen — sofern er nicht noch unaufschiebbare Handlungen vorzunehmen hat (§ 47 ZPO) — und das Gesuch zusammen mit seiner dienstlichen Stellungnahme dem Landgericht zur Entscheidung vorlegen. Das Landgericht wiederum, das seine Entscheidung in aller Regel ohne mündliche Verhandlung fällt, übersendet dem Antragsteller die diesem bis dato unbekannte Einlassung des Richters, damit er Gelegenheit zur Gegenerklärung hat[16]. Nach Eingang der Stellungnahme bzw. Fristablauf kann das Landgericht dann seine Entscheidung treffen.

Anhand der Ablehnungsanträge zweier Jahrgänge ist untersucht worden, welchen Zeitumfang dieser Verfahrensablauf in Anspruch nimmt. Im Jahre 1969 betrug die Zeitdauer von der Antragstellung bis zur landgerichtlichen Entscheidung durchschnittlich 29 Tage, im Jahre 1970 waren es 34 Tage.

Da die Entscheidung des Landgerichts in der Regel zurückweisender Art ist, ist eine Fortsetzung des Prozesses erst nach Ablauf der zweiwöchigen Beschwerdefrist möglich. Rechnet man den zusätzlichen Zeitverlust hinzu, der durch die Anberaumung eines neuen Verhandlungstermins eintritt, so ergibt sich insgesamt eine Verzögerung von rund 2 Monaten. Dieser Wert gilt für $^2/_3$ aller Prozesse.

Er erhöht sich verständlicherweise dann, wenn die Antragsteller sich mit dem landgerichtlichen Beschluß nicht abfinden und Beschwerde beim Oberlandesgericht einlegen. Da immerhin $^1/_3$ aller Ablehnenden diesen Schritt unternehmen, und das OLG seinerseits im Durchschnitt 36 Tage für die Entscheidung benötigt, beträgt das Verzögerungsmoment in diesen Fällen ca. 3 Monate.

---

[16] Nichtmitteilung bedeutet eine Verletzung des rechtlichen Gehörs, vergl. BVerfG, MDR 1968, 820.

Vierter Teil

Die abgelehnten Richter

A. Die Entscheidung der Amtsrichter

Der richterliche Handlungskatalog in einer Befangenheitssituation ist komplexer als gemeinhin vermutet. Gemäß den gesetzlichen Bestimmungen der ZPO sowie der hierzu entwickelten Rechtsprechung kann ein Richter auf viererlei Weise reagieren:

1. kann er einen existenten oder nur scheinbaren Mangel in seiner Unparteilichkeit von sich aus offenlegen und die konstatierte Befangenheit dem Obergericht anzeigen, damit dieses darüber befinde (sogenannte Selbstablehnung, § 48 ZPO).
2. kann er, wenn eine Partei Zweifel an seiner Unparteilichkeit äußert, diese anerkennen und aus dem Prozeß kraft eigenen Entschlusses ausscheiden, was keiner Billigung des übergeordneten Gerichts bedarf (§ 45 Abs. 2 Satz 2 ZPO).
3. kann er, wenn eine Partei Zweifel an seiner Unparteilichkeit äußert, diese als unbegründet qualifizieren und sie dem übergeordneten Gericht zusammen mit seiner eigenen Stellungnahme zur Entscheidung vorlegen (§ 45 Abs. 2 Satz 1 ZPO).
4. kann er aus eigener Machtvollkommenheit rechtsmißbräuchliche Ablehnungsgesuche unmittelbar selbst zurückweisen.

I. Vorlage zum Landgericht

Von den aufgezeigten Handlungsmöglichkeiten wird die 3. Alternative am häufigsten realisiert. Sie ist als Regelfall der amtsrichterlichen Reaktion zu bezeichnen und steht daher am Ausgangspunkt dieser Betrachtung.

Die Vorlage zum LG geschieht mittels einer Verfügung in den Prozeßakten: „urschriftlich mit Akten dem Landgericht, Köln, mit der Bitte um Entscheidung über das Ablehnungsgesuch vom ... Der unterzeichnete Richter hält sich nicht für befangen"[1]. Im allgemeinen wird

---

[1] 6 C 117/68 AG Bensberg.

dieser dienstlichen Äußerung eine kurze Begründung hinzugefügt, die aber meist recht lakonischer Natur ist. „Ich erkläre hierzu, daß ich mich in keiner Weise befangen fühle und mir die Ablehnung völlig unverständlich ist[2]."

In diesem Zusammenhang sei auf ein eher psychologisches Phänomen hingewiesen, das gelegentlich im Rahmen der dienstlichen Äußerung sichtbar wird. Es kommt vor, daß die vom Richter entschieden in Abrede gestellte Befangenheit sich gerade aus seiner Stellungnahme selbst ergibt. Das illustriert das folgende Beispiel[3], in dem ein Richter mit der kränkenden Behauptung abgelehnt worden war, er sei eine ständige Allgemeingefahr für die Rechtspflege. Dieser Richter äußerte sich daraufhin folgendermaßen: „Obwohl der Antragsteller gerichtsbekannt ist und Bedenken gegen seine Prozeßfähigkeit bestehen, halte ich mich nicht für befangen... Im Anschluß an die Entscheidung über den Befangenheitsantrag bitte ich, die Akten dem Präsidenten des LG vorzulegen. Ich bin der Meinung, daß die Ausführungen des Antragstellers nicht hingenommen werden dürfen, zumal auch Dritte am Amtsgericht Kenntnis von den Vorwürfen genommen haben[4]."

Eine Vorlage an das Landgericht ist in allen hier erfaßten 175 Ablehnungsgesuchen erfolgt. Wie einleitend erläutert[5], wäre es aber verfrüht, allein aus diesem Ergebnis die Schlußfolgerung ziehen zu wollen, Richter hielten ausnahmslos Ablehnungsgesuche für unbegründet. Zu dieser Frage kann es aufgrund der auf der Ebene des Landgerichts vorgenommenen Dokumentenanalyse keine endgültige Antwort geben, da die Richter nur die in ihren Augen *unbegründeten* Ablehnungen vorlegen. Um ein wirklichkeitsgetreues Bild zu erhalten, war es folglich notwendig, abzuklären, ob ein alternativer Bereich existiert, in welchem ein abgelehnter Richter eine Ablehnung für begründet erklärt.

II. Zustimmung

Der Gesetzgeber bestimmt in § 45 Abs. 2 ZPO: „Wird ein Amtsrichter abgelehnt, so entscheidet das Landgericht. Einer Entscheidung bedarf es nicht, wenn der Amtsrichter das Ablehnungsgesuch für begründet hält."

Hält er es für begründet, so bleibt dies ein amtsgerichtsinterner Vorgang, der außer in einem Vermerk in den Prozeßakten und der Weiterleitung der Sache an den zuständigen Vertreter keine Spuren hinter-

---

[2] 2 C 415/63 AG Brühl.
[3] Vgl. auch LG Aachen, MDR 1965, 667 mit Anm. v. Teplitzky.
[4] 3 C 504/72 AG Kerpen. Das Beispiel fällt, da 1973 beim LG anhängig, nicht in den zehnjährigen Erhebungszeitraum dieser Untersuchung und ist folglich in den statistischen Daten nicht enthalten.
[5] Siehe oben, Seite 15 f.

läßt. Zahlenmaterial hierüber existiert nicht. Es läßt sich wegen der vermuteten Singularität dieses Verhaltens auch nicht ohne weiteres durch eine entsprechende Aktenanalyse ermitteln[6]. Aussagen waren daher nur im Wege einer Befragung zu gewinnen.

Folgende Fragen wurden den Zivilrichtern am Amtsgericht Köln zur schriftlichen Beantwortung vorgelegt:

1. Ablehnungsanträge berühren nur einen kleinen Prozentsatz aller Prozesse am Amtsgericht. Wenn aber Ablehnungsanträge gestellt werden: wie oft kommt es Ihrer Erfahrung nach vor, daß ein abgelehnter Richter am AG den Prozeß seinem Vertreter übergibt, weil er den Ablehnungsantrag für berechtigt hält?
   häufig   manchmal   so gut wie nie

2. Haben Sie aus diesem Grunde — Zustimmung eines Kollegen zu einem Ablehnungsantrag wegen Besorgnis der Befangenheit — schon einmal einen Prozeß übernommen?
   Ja   und zwar in ca.   Fällen   nein

3. Sind Sie selbst während Ihrer Tätigkeit als *Zivil*richter wegen Besorgnis der Befangenheit abgelehnt worden?
   Ja   nein

4. Sofern Sie schon wegen Besorgnis der Befangenheit abgelehnt worden sind: haben Sie dem Antrag zugestimmt
   Ja   und zwar in   Fällen
   oder haben Sie das Gesuch dem LG zur Entscheidung vorgelegt?
   Ja   und zwar in   Fällen
   (falls Sie beide Varianten praktiziert haben, bitte beide Felder ankreuzen)

Die nachfolgenden Ergebnisse basieren auf den Ausagen von 25 Richtern[7]. Letztere sind, da zumeist seit vielen Jahren am Amtsgericht Köln tätig, teilidentisch mit den Personen, die von den untersuchten Ablehnungsanträgen betroffen wurden.

Auf die Frage, wie oft es in der Gerichtspraxis zu Zustimmungsfällen komme, haben 17 der 25 Richter geäußert: „so gut wie nie". Die übrigen haben sich für „manchmal" entschieden. „Häufig" ist von keinem genannt worden.

Diese Ansicht wird durch die Antworten auf die auf den Einzelfall zugeschnittenen Fragen 2 und 4 erhärtet. Zwar ergibt sich zunächst, daß

---
[6] Siehe hierzu oben, Seite 16, Anm. 6.
[7] Verteilt wurde der Fragebogen an 44 Richter. Die Rücklaufquote liegt mit 57 % im Rahmen vergleichbarer schriftlicher Umfragen unter Justizjuristen. Vgl. die Antwortquote bei Kaupen, Die Hüter von Recht und Ordnung, S. 227.

A. Die Entscheidung der Amtsrichter

7 Richter selbst schon einmal einem Ablehnungsgesuch zugestimmt und 13 einen Prozeß wegen der Zustimmung eines Kollegen übernommen haben. Doch diese Aussagen erfahren ihre Relativierung in dem Moment, in dem man die Häufigkeit derartiger Vorkommnisse in Beziehung setzt zur Dauer der beruflichen Tätigkeit der Befragten.

Hier zeigt sich, daß die insgesamt 18 Zustimmungen (durch 7 Richter) und die 29 Prozeßübernahmen (durch 13 Richter) die Quintessenz aus 265 Jahren zivilrichterlicher Tätigkeit repräsentieren.

Als Ergebnis der Befragung läßt sich somit feststellen, daß es in der Rechtswirklichkeit zu Zustimmungen kommt, daß sich dieser Vorgang aber nur mit außerordentlich selten kennzeichnen läßt.

Eine weitere Frage ist die nach der inhaltlichen Qualität der Zustimmungsfälle. Da eine systematische Untersuchung aus den dargelegten Gründen ausschied, kann hier nur etwas über die Zustimmungen berichtet werden, die zufällig bekannt geworden sind, sei es, daß sie in landgerichtlichen Beschlüssen inzidenter Erwähnung fanden, sei es, daß sie im Rahmen der Umfrage offenkundig wurden.

Im Beschluß 9 AR 12/70 über das Selbstablehnungsgesuch eines Oberamtsrichters findet sich folgender Hinweis: „In der vorliegenden Sache ist Amtsgerichtsrat Dr. M vom Beklagten wegen Besorgnis der Befangenheit abgelehnt worden. Er hat die Ablehnung anerkannt und die Akten an Oberamtsrichter ... als seinen ständigen Vertreter weitergeleitet."

Eine Einsichtnahme in die Prozeßakten vermittelt die zugrunde liegende Befangenheitssituation. Vor der Vernehmung des Zeugen D. — des Ehemannes der Klägerin — machte Amtsgerichtsrat Dr. M von sich aus folgende Mitteilung: „Dem Beklagten wurde durch den unterzeichneten Richter mitgeteilt, daß er, der unterzeichnete Richter, den Zeugen D. seit langen Jahren infolge der Tätigkeit des Zeugen am Amtsgericht kenne und daß er, der Richter, auch mit der Klägerin bekannt ist. Der Beklagte erklärt daraufhin: „Ich lehne den amtierenden Richter wegen Besorgnis der Befangenheit ab." Im Anschluß daran findet sich der Vermerk: „Ich halte das Ablehnungsgesuch für begründet. Herrn Kollegen ... übergeben[8]."

Ein ähnlich gelagerter Fall, in dem ein Richter Gründe, die seiner Unparteilichkeit scheinbar oder tatsächlich hinderlich sein könnten, der Partei von sich aus offengelegt hat, ist von einer Richterin geschildert worden. Nachdem das Landgericht ihr eigenes Gesuch, wegen Befangenheit aus dem Prozeß auszuscheiden, als unbegründet zurückgewiesen

---

[8] 1 C 862/69 AG Gummersbach.

hatte[9], offenbarte diese sich den Prozeßparteien und erhielt daraufhin eine Ablehnung, der sie dann zustimmte.

Andere Zustimmungsmotivationen liegen drei weiteren Fällen zugrunde. Alle drei Ablehnungsanträge stammen von dem oben bereits erwähnten gerichtsbekannten Querulanten[10], der die zurückgetretenen Richter seit Jahren mit Ablehnungsanträgen derart bekämpft hat, daß sie jetzt entweder tatsächlich befangen oder aber es — wie ein Richter meinte — leid sind, Prozesse dieses Querulanten zu führen.

Eine dritte Gruppe von Zustimmungen enthält Fälle, die es nach der Gesetzessystematik nicht gibt. Das Gesetz normiert alternativ: entweder Zustimmung oder Vorlage zum Landgericht. In den drei folgenden Beispielen ist vorgelegt und gleichwohl zugestimmt worden. Was hier auf den ersten Blick wie ein Versehen erscheinen könnte, ist in Wirklichkeit Ausfluß einer landgerichtlichen Intervention.

Nachdem der Richter in einem Hinweisbeschluß u. a. geschrieben hatte: „ersichtlich war es Absicht der Parteien, sich im Zusammenwirken auf Kosten der Stadt Leverkusen zu bereichern. Das Gericht beabsichtigt, die Akten im Anschluß an dieses Verfahren der zuständigen Staatsanwaltschaft zu übersenden", war er vom Kläger abgelehnt worden.

Der Richter erließ daraufhin unter dem 12. Dezember 1969 folgende Verfügung: „Urschriftlich mit Akten dem Landgericht Köln mit der Bitte um Entscheidung über das Ablehnungsgesuch vom ... Der unterzeichnete Richter hält sich nicht für befangen. Bei dem Beschluß vom ... handelt es sich um die Bekanntgabe des Ergebnisses einer Beweiswürdigung, die an dieser Stelle notwendig war, um den Parteien, insbesondere dem Kläger, Gelegenheit zu geben, seinen Vortrag entsprechend einzurichten. Der Vorwurf trifft beide Parteien gleich[11]." Im Anschluß an diese Verfügung findet sich in den amtsgerichtlichen Prozeßakten folgender Vermerk des Landgerichts:

„In Sachen ... erscheint Herr Gerichtsassessor T zum Zwecke einer dienstlichen Anhörung (§ 44 Abs. 3 ZPO) zu dem Ablehnungsantrag des Klägers. Gerichtsassessor T erklärt: „Ich bin nach wie vor der Auffassung, daß ich in der Lage bin, den Rechtsstreit unparteiisch und unvoreingenommen zu entscheiden. Ich möchte aber den Eindruck einer Voreingenommenheit vermeiden. Aus diesem Grunde erkläre ich mich für befangen." (9 AR 31/69)

In der landgerichtlichen Sammlung findet sich dann unter demselben Datum folgender Beschluß: „Nachdem sich Gerichtsassessor ... am 16. 1.

---

[9] Siehe unten Seite 84 f.
[10] Siehe oben Seite 67 f.
[11] 6 C 117/68 AG Bensberg.

A. Die Entscheidung der Amtsrichter

1970 für befangen erklärt hat, bedarf es einer Entscheidung über das Ablehnungsgesuch des Klägers vom 9. 12. 1969 nicht mehr (§ 45 II Satz 2 ZPO). Die weitere Bearbeitung der Sache erfolgt durch den geschäftsplanmäßigen Vertreter von Gerichtsassessor T."

Nach gleichem Muster wurde auch im Fall 9 AR 21/63 verfahren. Die Prozeßakten enthalten zunächst folgenden Vermerk: „... in diesem Termin wurde der amtierende Richter wegen Besorgnis der Befangenheit abgelehnt. Ich erkläre hierzu, daß ich mich in keiner Weise befangen fühle und mir die Ablehnung völlig unverständlich ist[12]."

Letzeres erscheint, wie aus den Akten ersichtlich wird, untertrieben, denn es war bereits zu Spannungen zwischen Antragsteller und Richter gekommen. Dies belegt ein Schreiben des Richters an den Antragsteller: „Urschriftlich mit einer Anlage Herrn Einsender zurückgesandt. Das Gericht lehnt die Annahme Ihres Schriftsatzes wegen der unsachlichen Äußerungen ab. Sollten weitere Zuschriften erfolgen, die unsachliche Äußerungen enthalten, so werden auch diese zurückgesandt werden."

Die Einstellung des Richters wird dann wenig später bis zur Kenntlichkeit deutlich, als er über den Antragsteller vermerkt, dieser sei ein hinreichend bekannter Querulant[13]. Daraufhin lädt das Landgericht den Richter vor. Die Akten enthalten folgenden Vermerk: „Es erscheint Oberamtsrichter Y zum Zwecke einer dienstlichen Anhörung zu dem Ablehnungsantrag... Oberamtsrichter Y erklärt: „Ich bin nach wie vor der Auffassung, daß ich in der Lage bin, den Rechtsstreit unparteiisch und unvoreingenommen zu entscheiden. Ich möchte aber den Eindruck einer Voreingenommenheit vermeiden. Aus diesem Grunde erkläre ich mich für befangen."

An den Antragsteller ergeht folgende Mitteilung: „Ihr Ablehnungsgesuch vom... hat sich durch die Zustimmung des betreffenden Richters erledigt."

Analog ist auch im Fall 9 AR 7/70 entschieden worden: „Beschluß in Sachen...: Nachdem Amtsgerichtsrat... am... erklärt hat, er halte das Ablehnungsgesuch des Beklagten für begründet, bedarf es einer gerichtlichen Entscheidung über dieses Gesuch nicht mehr."

Gemeinsam ist diesen Fällen, daß keiner der Richter von vornherein bereit war, die Prozeßführung einem anderen Richter zu überlassen, sondern alle stimmten der Ablehnung zunächst einmal nicht zu. Wenn dann alle Richter nach mehreren Wochen just am Tage der landgerichtlichen Entscheidung einen Sinneswandel vollzogen, so wird man vermuten dürfen, daß der Kontakt mit den Kollegen vom Landgericht dies

---
[12] 2 C 415/63 AG Brühl.
[13] Siehe oben, Seite 68.

bewirkt hat. Daß ein derartiger Kontakt stattgefunden hat, ergibt sich direkt (Vorladung zur dienstlichen Anhörung, (9 AR 31/69 und 9 AR 21/63) oder indirekt (durch Datenübereinstimmung, 9 AR 7/70) aus den landgerichtlichen Beschlüssen.

Welcher Argumente sich die Richter am Landgericht bedient haben mögen, kann unschwer vermutet werden. Der abgelehnte Richter stand damit vor der Alternative, sich freiwillig aus dem Prozeß zurückzuziehen oder aber zurückgezogen zu werden. Oder anders: die Befangenheit selbst auszusprechen oder aber sie per landgerichtlichem Beschluß bescheinigt zu bekommen.

Diese nachträglichen Zustimmungen lassen sich nicht als Zustimmungen im Sinne des Gesetzgebers bezeichnen. Denn ihr Inhalt entspricht nicht so sehr einem autonomen Bekenntnis des abgelehnten Richters, als vielmehr der Akzeptierung einer obergerichtlichen Wertung. Hier anerkennt der Richter in erster Linie nicht die Befangenheitsbefürchtung des Antragstellers, sondern die Autorität des Landgerichts.

Auch die anderen vorstehend aufgeführten Zustimmungsfälle sind kaum geeignet, die gesuchte Alternativität richterlichen Verhaltens mehr als nominell zu belegen. Inhaltlich stellen sie sich als verkappte Selbstablehnungen[14] oder primär taktische Maßnahmen gegenüber Querulanten dar. Der gesetzlich gemeinte Fall, daß ein Richter die Befangenheitsbesorgnis *wegen der Gründe des Antragstellers* akzeptiert, ist faktisch nicht belegbar.

Als Fazit bleibt somit: daß Richter Ablehnungsanträgen von sich aus zustimmen, ist quantitativ außerordentlich selten und qualitativ nicht als solches identifizierbar.

III. Zurückweisung

So wie der Amtsrichter aus eigener Entscheidung einem Gesuch zustimmen kann, so kann er in Ausnahmefällen auch aus eigener Machtvollkommenheit ein Gesuch zurückweisen. Zwar fehlt es im Zivilprozeß — im Gegensatz zum Strafprozeß[15] — an einer entsprechenden Ermächtigungsnorm, doch hat die auf das Reichsgericht zurückgehende Rechtsprechung[16] die vermeintliche Lücke geschlossen, indem sie eine Zurückweisung dann für zulässig erachtet, wenn das Ablehnungsgesuch als offensichtlich rechtsmißbräuchlich anzusehen ist.

---

[14] Siehe hierzu unten, Seite 85.
[15] § 26 a Abs. 2 Satz 3 StPO: „wird der... Amtsrichter... abgelehnt, so entscheidet er selbst darüber, ob die Ablehnung als unzulässig zu verwerfen ist."
[16] RGZ 44, 402.

In der Praxis wird das so gehandhabt, daß der abgelehnte Richter das Gesuch als „nicht gestellt" schlicht ignoriert oder aber es ausdrücklich zurückweist, also als Richter in eigener Sache auftritt. Gloede hat dieses Vorgehen als einen „Fremdkörper" im Ablehnungsrecht kritisiert, da diese Handhabung mit der heute gültigen Auffassung von der Bedeutung des Ablehnungsrechts als einer Garantie der Rechtsstaatlichkeit nicht zu vereinen sei[17].

Inwieweit die hier erfaßten Amtsrichter in Anwendung der herrschenden Meinung aus eigener Machtvollkommenheit Gesuche als rechtsmißbräuchlich zurückgewiesen haben, läßt sich nicht feststellen. Feststellen läßt sich aber, daß das Landgericht über eine Reihe von rechtsmißbräuchlichen Ablehnungen querulatorischer oder taktischer Art zu entscheiden hatte. Aus dieser Tatsache kann als Gegenschluß gefolgert werden, daß die Amtsrichter auch die offensichtlich rechtsmißbräuchlichen Gesuche vorgelegt haben und das Landgericht seinerseits diese auch zur Entscheidung angenommen hat.

Lediglich in einem Fall — der querulatorische Antragsteller hatte in ein und demselben Prozeß gerade den vierten Richter abgelehnt — hat das Landgericht sich bemüßigt gefühlt, seinen Beschluß mit dem belehrenden Hinweis zu versehen: „Bei offensichtlich rechtsmißbräuchlichen Ablehnungsgesuchen kann auch der Amtsrichter selbst das Gesuch zurückweisen." (9 T 2/72)

Aus den dargelegten Gründen darf vermutet werden, daß von dieser Möglichkeit so gut wie kein Gebrauch gemacht worden ist[18]. Im Bereich der Zivilrichter sieht daher die Rechtswirklichkeit — noch oder schon — so rechtsstaatlich aus, wie Gloede sie mit überzeugenden Argumenten fordert[19].

IV. Selbstablehnung

Während in den drei zuvorgenannten Fällen die richterliche Handlung jeweils als Reaktion auf einen Antrag der Parteien erfolgte, geht bei der sogenannten Selbstablehnung die Initiative unmittelbar vom Richter aus. Der Gesetzgeber hat in § 48 ZPO dem Richter die Möglichkeit zum Rückzug aus einem Prozeß gegeben, dem er nach eigener Erkenntnis befangen gegenüber steht. Was aber nicht bedeutet — und insofern ist die Bezeichnung „Selbstablehnung" irreführend — daß der Richter ein eigenes Ablehnungsrecht hat[20]. Vielmehr ist er nur befugt,

---

[17] NJW 1974, 2070.
[18] Für eine restriktive Handhabung spricht auch die in den Standardkommentaren zur ZPO abgedruckte Warnung vor eigener Entscheidung: „Vorsicht nötig!" (Baumbach-Lauterbach, § 42 Anm. 1 B) und „Nur vorsichtig anwenden!" (Thomas-Putzo, § 42 Anm. 1 e).
[19] NJW 1974, 2067 ff.
[20] Schorn, GA 1963, 172.

6 Horn

Tatsachen anzuzeigen, die seine Ablehnung rechtfertigen könnten[21]. Die Entscheidung liegt — wie bei der Fremdablehnung — beim Landgericht.

1. Quantitativ

Zu fragen ist nach dem zahlenmäßigen Verhältnis zwischen Ablehnungsanträgen der Parteien und Ablehnungsanträgen der Richter. Hierzu die folgende Übersicht:

	Selbstablehnungen	Fremdablehnungen
1963	2	12
1964	8	26
1965	12	20
1966	11	10
1967	6	19
1968	17	25
1969	5	19
1970	10	15
1971	3	14
1972	2	11
Summe:	76	171

Es ergibt sich somit, daß in den 247 Fällen, in denen das Landgericht über richterliche Befangenheit zu befinden hatte, der Anstoß zur Überprüfung in 69 % der Prozesse von einer der Parteien, und in 31 % von den Richtern selbst ausging.

2. Qualitativ

Die gesetzlich möglichen Gründe für eine Selbstablehnung sind mit denen der Fremdablehnung identisch: die speziellen gesetzlichen Ausschließungsgründe gemäß § 41 ZPO und der allgemeine Ablehnungsgrund der Besorgnis der Befangenheit.

Die vorgefundenen Begründungen für die Selbstablehnung reichen von Verwandtschaft, Freundschaft und Bekanntschaft bis hin zur Aversion und Feindschaft. Um mit letzterem zu beginnen, folgendes Beispiel:

„Amtsgerichtsrat Dr. I hat sich dienstlich dahin geäußert, daß die Antragsgegnerin sich z. Zt. tags und nachts mit einem fremden Mann in der Wohnung der Eltern, der Eheleute..., im Amtsgerichtsgebäude aufhalte, daß diese Wohnung mehrmals gekündigt worden sei und daß

---
[21] BGH LM Nr. 2 zu § 42 ZPO.

A. Die Entscheidung der Amtsrichter

die Eltern der Antragsgegnerin, die ihn im Hause nicht grüßen würden, freiwillig nicht ausziehen würden.

Der Amtsrichter hält sich für befangen, weil der Aufenthalt der Antragsgegnerin mit einem fremden Mann zur Tag- und Nachtzeit in der Wohnung ihrer Eltern im Gerichtsgebäude ihm ein Ärgernis sei und er daher gegen die Antragsgegnerin auch eine Abneigung habe.

Die angezeigten Verhältnisse rechtfertigen die Selbstablehnung (§ 48 ZPO). Das seit langem getrübte persönliche Verhältnis zwischen dem Amtsrichter und den im Gerichtsgebäude wohnenden Eltern der Antragsgegnerin sowie der tägliche und nächtliche Aufenthalt der Antragsgegnerin mit einem fremden Mann in dieser im Gerichtsgebäude gelegenen Wohnung begründen eine Befangenheit des Amtsgerichtsrats Dr. I gegenüber der Antragsgegnerin." (9 AR 3/65)

Unter den 67 Ablehnungsgesuchen sind Feindschaft, Aversion und Auseinandersetzungen zwischen Richtern und einer der Parteien oder deren Rechtsanwalt insgesamt 25 mal benannt. Einige weitere Beispiele mögen diesen Bereich skizzieren.

„Ich habe mich früher über den Beklagten geärgert, weil er mein Haus falsch gebaut hat." (9 AR 29/65)

„Der Ehemann der Klägerin hat mich zweimal der Rechtsbeugung beschuldigt. Jetzt habe ich Strafantrag gestellt." (9 AR 15/66)

„Der Schuldner war Mieter im Hause meiner Kusine und ich hatte mit ihm Differenzen." (9 AR 31/68)

„Der Kläger hat in meinem Haus Tiefbauarbeiten mangelhaft ausgeführt, so daß ich gegen ihn klagen wollte." (9 AR 3/69)

„Der Prozeßbevollmächtigte des Klägers hat mir eine Falschbeurkundung unterstellt, daraufhin habe ich Anklage beim anwaltlichen Ehrengericht erhoben." (9 AR 16/70 sowie 9 AR 23/69)

Allein zehn Selbstablehnungen basieren auf Kontroversen mit Querulanten. Entsprechende Ablehnungsbegründungen hierzu sind bereits an anderer Stelle mitgeteilt worden[22].

Aus dem weitgespannten Bereich der Bekanntschaft erwachsen eine ganze Reihe von Selbstablehnungen. Diese beziehen sich zum einen auf Personen, denen sich der Richter in seinem privaten Lebensbereich bedient, „Der Kläger ist die Putzhilfe meiner Frau." (9 AR 28/65)

„Die Antragstellerin ist als Putzhilfe in meinem Haushalt tätig." (9 AR 23/68)

---

[22] Siehe oben Seite 68.

„Die Beklagte ist die Putzhilfe meiner Eltern." (9 AR 3/63) und zum anderen auf Personen, denen der Richter freundschaftlich verbunden ist:

„Der Beklagte ist ein Jagdfreund von mir." (9 T 47/72)

„Die Beklagte und ich sind Mitglieder im selben Tennisverein." (9 AR 11/68)

Wegen der langjährigen freundschaftlichen Verbundenheit mit dem Kläger, einem Augenarzt, erklären sich alle Zivilrichter eines kleinen Amtsgerichts befangen, so daß der Prozeß vor dem Kölner Amtsgericht geführt werden mußte. (9 AR 18/68)

Kollegialität — „der Beklagte ist ein früherer Richterkollege von mir" (9 AR 27/67) — ist das Motiv für 7 Eigenablehnungen. Verwandtschaftliche und schwägerschaftliche Beziehungen zu einer Partei spielen nur eine Rolle am Rande, was im direkten Wortsinne zu verstehen ist. Denn der Kernbereich derartiger Verhältnisse ist vom Gesetzgeber bereits als ein zum Ausschluß vom Richteramt führender Grund normiert worden (§ 41 Nr. 3 ZPO), so daß für Selbstablehnungen nur noch das angrenzende Umfeld relevant werden kann.

Genannt sind beispielsweise eine Verwandtschaft im vierten Grad der Seitenlinie (9 AR 6/65) oder die Verwandtschaft mit einem Prozeßbevollmächtigten. Letzteres wird, da sich die Brüder eines Richters im kleinstädtischen Gerichtsort als Rechtsanwälte niedergelassen haben, ingesamt 15 mal als Grund angeführt.

3. Anerkennung durch das LG

Von den 76 gestellten Selbstablehnungsanträgen hat das Landgericht 73 als begründet gebilligt (= 96 %). Lediglich in 4 % der Gesuche vermochte das LG sich der Befangenheitsbefürchtung der Richter nicht anzuschließen. Einer dieser Fälle sei hier wiedergegeben.

„Aus der Tatsache, daß Frau Amtsgerichtsrätin H in dem Hause wohnt, in dem der Beklagte seinen Geschäftsbetrieb unterhält, und daß sie ihm auf dem Weg zur Garage häufig begegnet, kann weder die Klägerin noch der Beklagte einen vernünftig zu begründenden Schluß auf eine Parteilichkeit der Richterin ziehen. Bei der Beziehung zwischen ihr und dem Beklagten handelt es sich um einen alltäglichen und losen Kontakt, der noch nicht einmal ein Gefühl irgendwie gearteter Verbundenheit aufkommen läßt. Es mag zwar sein, daß es einem Richter unangenehm oder gar peinlich ist, täglich einer Partei zu begegnen, deren Prozesse er zu entscheiden hat. Bei richtiger Beurteilung der inneren Haltung eines Richters besteht jedoch kein Grund zu der Besorgnis, er werde bei seinen Entscheidungen die ihm bekannte Partei

— um ihr zu gefallen — bevorzugen oder — um seine Unparteilichkeit zu dokumentieren — benachteiligen. Die Vorstellung, der Richter könnte mit Rücksicht auf ein solches Bekanntschaftsverhältnis zu einer Partei dieser gegenüber nicht objektiv sein, würde auf eine innere Haltung des Richters abstellen, der er kraft der für seinen Beruf erforderlichen Selbstdisziplin entgegentreten kann und muß." (9 AR 42/68)

An das Berufsethos appelliert das Landgericht auch in den anderen zurückweisenden Entscheidungen:

„Unter diesen Umständen kann nicht anerkannt werden, daß das Verhalten des Klägers die Richterin ernsthaft beeinflußt und sie daran hindert, den Rechtsstreit sachlich und unparteiisch zu entscheiden. Es gehört zum Beruf des Richters, daß er auch schwierigen Parteien — wie hier dem Kläger — gegenüber gelassen bleibt. Wollte man eine Selbstablehnung des Richters in allen Fällen zulassen, in denen eine Partei pauschale und offensichtlich grundlose Beleidigungen vorbringt, so wäre ein geordneter Gerichtsbetrieb nicht mehr gewährleistet." (9 AR 18/70)

Das Landgericht hat, wenn es auf den Vorrang eines „geordneten Gerichtsbetriebes" abstellt, die Problematik unscharf gekennzeichnet. Präzise ist es das Prinzip des gesetzlichen Richters, das in Gefahr steht, von Richterseite unterlaufen zu werden. Andererseits wird auch ein fanatischer Verfechter des Richter-Entziehungsverbots in dem zunächst wiedergegebenen Gesuch (täglicher Kontakt zu einer der Parteien) einen Grenzfall sehen können. Es erscheint diskutierbar[23], ob das Landgericht in derart subjektiv-emotionalen Fragen zu einer anderen Wertung kommen sollte als der betroffene Richter[24].

Ein Hinweis darauf, wie diese Problematik in der Praxis gelöst wird, ist im Rahmen dieser Untersuchung gefunden worden. Die Lösung sieht folgendermaßen aus: nachdem das Landgericht in dem oben zitierten Selbstablehnungsgesuch der Richterin, diese zur Weiterführung des Prozesses „verurteilt" hatte, offenbarte die Richterin ihre Bedenken den Prozeßparteien. Mit dem Erfolg, daß diese sie daraufhin ablehnten und sie dann dieser Ablehnung zustimmte und so aus dem Prozeß ausschied. (9 AR 42/68)

Daß das hier beobachtete Verhalten sozusagen richterliches Allgemeingut ist, läßt sich einer Bemerkung Rasehorn's entnehmen, der auf Grund eigener Erfahrung von einer großzügigen Handhabung bei Entscheidungen über Selbstablehnungen spricht, da diese durch interne Zu-

---

[23] Nicht so für das LG Köln, das sich in seiner o. a. Entscheidung auf das LG Bonn bezieht, ohne die hierzu ergangenen kritischen Anmerkungen von Rasehorn zu berücksichtigen (LG Bonn, NJW 1966, S. 160; Anm. Rasehorn, NJW 1966, 666).

[24] Vgl. etwa Seibert, JZ 1960, 85 und Rasehorn, a.a.O.

stimmung weitgehend der Kontrolle der Rechtsmittelgerichte entzogen werden könnten[25].

Letztlich erweist sich die Vorlagepflicht zum LG damit als ineffektiv, da sie den Richter nicht treffen kann, der es nicht will.

B. Zur Person der abgelehnten Richter

Im folgenden soll ein Vorstoß in den Individualbereich der abgelehnten Richter unternommen werden. Es versteht sich, daß die zu machenden Beobachtungen zufällig und individuell geprägt sind. Doch vermögen auch einzelne Bruchstücke richterlichen Verhaltens Hinweise auf vorhandene Strukturen und Strategien zu liefern.

Tendenziöse Einleitungsfrage: Gibt es entsprechend einigen Querulanten und Taktikern auf Seiten der Antragsteller eine Entsprechung auf der richterlichen Gegenseite derart, daß einige Richter Ablehnungsanträge mehr auf sich ziehen als andere?

Um die Antwort hierauf in den richtigen Bezugsrahmen stellen zu können, ist es zunächst erforderlich, zu klären, inwieweit Richter überhaupt abgelehnt werden. Für den Bereich des Amtsgerichts Köln ergibt sich, daß nur rund jeder zweite Zivilrichter abgelehnt wird. Dies aufgrund der Ablehnungsgesuche ermittelte Ergebnis — von 44 Zivilrichtern wurden 23 (= 52 %) abgelehnt — stimmt ungefähr überein mit den Angaben, welche die Richter selbst hierzu gemacht haben. Die entsprechende Frage: „Sind Sie selbst während Ihrer Tätigkeit als Zivilrichter wegen Besorgnis der Befangenheit abgelehnt worden?" beantworteten 15 von 25 (= 60 %) zustimmend.

Diese Grundausage — es gibt Richter, die abgelehnt werden, und andere, die nicht abgelehnt werden — provoziert die Anschlußfrage, warum es die einen trifft, die anderen nicht. Die Zahl der auf die einzelnen Richter entfallenden bzw. nicht entfallenden Ablehnungen ist abhängig von zwei Faktoren: von der individuellen Disposition des Richters und vom Geschäftsverteilungsplan. Denn der souveränste und gelassenste Richter ist nicht davor gefeit, daß in dem ihm kraft Geschäftsverteilungsplan zugeteilten „Kundenkreis" sich gerade die gerichtsbekannten Querulanten und Taktiker befinden. Diese Komponente muß gesehen, darf andererseits aber nicht überwertet werden, da das Verhältnis Richter-Geschäftsverteilungsplan-Antragsteller variabel ist. Abzustellen ist daher überwiegend auf den persönlichen Faktor, womit wir zur Beantwortung der Eingangsfrage zurückkommen.

---

[25] NJW 1966, 667.

B. Zur Person der abgelehnten Richter

Neben den Richtern, die überhaupt nicht abgelehnt worden sind, gibt es solche, die im Untersuchungszeitraum 10 mal und im Laufe ihres Berufslebens nach eigenen Angaben sogar 50 mal abgelehnt worden sind. Diese Steigerungsraten lassen sich nur damit erklären, daß persönliche Eigenarten des Richters eine bestimmende Rolle gespielt haben. Der 50 mal abgelehnte Richter beispielsweise scheint einen Stil entwickelt zu haben, der den Erwartungshaltungen der Parteien von einem Gerichtsverfahren offensichtlich konträr gegenüber steht.

„Sie hätten in der mündlichen Verhandlung den Eindruck gewonnen, daß der Richter sie durch sein provozierendes Verhalten und Schreien in ihrer Verteidigung absichtlich beeinträchtigen wollte. So hätte er ihnen unter anderem gesagt, gegen eine Urkunde könne man nicht ‚anstinken'." (9 AR 2/63)

„Amtsgerichtsrat C habe erklärt: ‚Ich bin als Richter für meine Teilurteile berüchtigt.' Zudem habe er dem Zeugen von Berlin, als dieser die Annahme des Zeugengeldes verweigerte, klarzumachen versucht, wieviel Glas Kölsch dieser dafür trinken könne. Er habe die Zeugen in besonders aggressiver Weise eingeschüchtert. Der Amtsgerichtsrat habe ihn in sämtlichen Verhandlungen mit dem Hinweis, daß er nur über seinen Anwalt sprechen könne, nicht zu Wort kommen lassen. Er habe den Eindruck, daß der Richter ihn als Mensch ablehne." (9 T 8/71)

Sowohl die rüde Verhandlungsführung wie auch das, was dieser Richter an Gerechtigkeit produziert, stößt auf Kritik. „Der Richter habe nur über Teile seiner Ansprüche entschieden, obwohl er über die gesamte Klagforderung hätte entscheiden können." (9 AR 11/66)

„Aufgrund des Fehlurteils (Teilurteil) lehne er den Richter ab." (9 AR 9/69)

„Der Richter habe die Klage in Höhe von 20,41 DM abgewiesen, obwohl dieser Betrag überhaupt nicht begehrt worden war, er sei unfähig, diesen Prozeß zu entscheiden, der jetzt schon seit drei Jahren laufe, herausgekommen seien bisher immer nur Teilurteile." (9 AR 16/67)

Was der Richter bezweckt mit diesen so wenig befriedigenden Urteilen — und das ist im Wortsinne gemeint, denn eine Wiederherstellung des Rechtsfriedens ist eine von der Justiz erwartete Dienstleistung — ist nicht ersichtlich. Bekannt ist lediglich der Effekt, den er damit erreicht. Dieser besteht darin, daß durch die Zerlegung der Entscheidung in Teilurteile den Parteien ein Rechtsmittel verloren gehen kann, weshalb in der Praxis in solchen Fällen „besser von einem Teilurteil abgesehen" wird[26].

---

[26] Lent-Jauernig, § 59 VI.

Anderen häufig abgelehnten Richtern scheinen die anwaltlich nicht vertretenen Prozeßparteien unmündige Ignoranten zu sein. Was hier fehlt, ist eine kompensierende Richteraktivität, die von der Erkenntnis geleitet wird, daß die von der ZPO vorausgesetzte Waffengleichheit vielfach zur dogmatischen Fiktion geworden ist[27], und daher gerade nicht mehr „die bisher betonte passive Neutralität des Richters verlangt, sondern einen aktiven Einsatz, um den Rückstand an Intelligenz und Gewandheit beim einfachen Menschen auszugleichen[28, 29]".

„Er habe in der mündlichen Verhandlung verlangt, daß seine Sache als erste verhandelt werde. Der Richter, der erst um 10.20 Uhr erschienen seit statt um 10.00 Uhr, habe das abgelehnt. Auf Befragen des Richters sei keiner der anwesenden Rechtsanwälte bereit gewesen, den Prozeßbevollmächtigten des Klägers zu vertreten. Als er — der Beklagte — daraufhin Klagabweisung habe beantragen wollen, habe der Richter zu ihm gesagt, er sei „etwas schwer von Begriff". So habe der Richter ihn daran gehindert, einen Antrag auf Erlaß eines Versäumnisurteils zu stellen." (9 AR 45/68) Hierzu das Landgericht: „Schließlich ist die Besorgnis der Befangenheit auch nicht deshalb gegeben, weil der Richter dem Beklagten gesagt hat, dieser sei „etwas schwer von Begriff". Der Abteilungsrichter hat dazu in seiner dienstlichen Äußerung vom 3. 12. 1968 ausgeführt, er habe, um dem (in Berlin wohnenden) Beklagten entgegenzukommen, beim Kläger die Prozeßführung im schriftlichen Verfahren durchgesetzt. Da der Beklagte das anscheinend nicht verstanden habe, habe er zu ihm gesagt, er sei etwas schwer von Begriff. Diese Äußerung des Richters war mithin auf Grund der gegebenen Situation nicht völlig ungerechtfertigt. Es muß vielmehr davon ausgegangen werden, daß ein Richter auch dann einen Rechtsstreit unparteiisch sachlich entscheidet, wenn er einmal in deutlicher Sprache, wie hier, das persönliche Verhalten einer Partei im Termin kennzeichnet."

Angemerkt sei, daß die sich aufdrängende Frage, ob nicht so sehr der Antragsteller als vielmehr der Gegenstand — das Prozeßgeschehen — schwer zu begreifen war, vom Amtsrichter und vom Landgericht über-

---

[27] Wassermann, Recht und Politik 1/1975, 6.
[28] Rasehorn, Vorgänge, Heft 12, 34.
[29] Daß ein „aktiver Einsatz" des Richters seinerseits Ablehnungsanträge auslösen kann, steht zu vermuten, ist aber gegenüber der Bedeutung des verfassungsrechtlichen Anspruchs auf Gewährung des rechtlichen Gehörs und der in § 139 ZPO statuierten richterlichen Hinweispflicht zweitrangig. Für die Rechtswirklichkeit, wie sie diese Untersuchung ermittelt hat, ist dies im übrigen kein gegenwärtiges Problem: Ablehnung wegen kompensatorischer Richteraktivität existieren nicht. Im Gegenteil: moniert wird gerade nicht das Vorhandensein, sondern der Mangel an richterlicher Aktivität. Siehe hierzu auch unten, Seite 100 f. und Seite 108.

haupt nicht gesehen, vom Oberlandesgericht aber immerhin gestreift worden ist: „Der Beschluß, daß im schriftlichen Verfahren entschieden werden soll, ist ausweislich der Sitzungsniederschrift in der mündlichen Verhandlung gefaßt worden. Deshalb muß angenommen werden, daß der Beklagte die sicherlich kurze Erörterung über die prozessuale Frage, ob im schriftlichen Verfahren entschieden werden solle oder nicht, in der mündlichen Verhandlung überhört oder nicht verstanden hat, zumal es sich um eine rein prozeßrechtliche Frage handelt, die einem Laien nicht ohne weiteres verständlich und geläufig ist. Dem Beklagten ist deshalb zu glauben, daß er irrigerweise davon ausging, die Sache werde nach Berlin verwiesen werden." (10 W 7/69)

Kurzsichtig urteilt das Landgericht auch über das Ablehnungsgesuch gegen eine fünffach abgelehnte Richterin: „Wegen eines gebrochenen Armes habe sie die Richterin um Verlegung des Termins gebeten. Gleichwohl habe die Richterin ein Versäumnisurteil gegen sie erlassen, was sie als parteiisch empfände." (9 AR 33/64)

Hierzu das Landgericht: Die Antragstellerin habe keinen Grund zur Befürchtung, daß das Versäumnisurteil parteiisch erlassen worden sei. „Derartige Befürchtungen können nur darauf beruhen, daß die Antragstellerin die für den Erlaß eines Versäumnisurteils maßgeblichen gesetzlichen Bestimmungen nicht kennt, nämlich nicht weiß, daß ihre schriftlichen Einwendungen wegen der Mündlichkeit des Verfahrens nicht berücksichtigt werden konnten und daß sie sich zum Termin hätte vertreten lassen müssen."

Diese Ausführungen implizieren, daß nach Ansicht des Gerichts dasjenige zur selbstverständlichen Allgemeinbildung gehört, was Juristen sich in einem jahrelangen Studium aneignen.

Bewahrheitet sich diese Unterstellung plötzlich einmal und äußert eine Partei überraschenderweise diskutierbare Rechtsansichten, so wird das nicht honoriert, sondern blockiert: „Er lehne die Richterin[30] ab, weil diese ihn während einer rechtlichen Diskussion nach seinem Beruf gefragt habe." (9 AR 43/68)

Hierzu das Landgericht: „Zwar ist aus den Akten nicht ohne weiteres ersichtlich, weshalb die Abteilungsrichterin den Beklagtenvertreter nach seinem Beruf gefragt hat. Es ist indessen darauf hinzuweisen, daß einem Richter grundsätzlich die Befugnis zusteht, Personen mit denen er über einen Rechtsstreit verhandelt, nach ihrem Beruf zu fragen. Der Richter kann dann beurteilen, wie er seine Verhandlung zweckmäßigerweise führt.

---

[30] Insgesamt 9mal abgelehnt.

Wie sich aus dem Sitzungsprotokoll vom 23. 10. 1968 ergibt, hat die Abteilungsrichterin mit dem Beklagtenvertreter ein Rechtsgespräch geführt, bei dem dieser eine andere Rechtsansicht äußerte als die Richterin. Für die Richterin lag es nunmehr nahe, nach dem Beruf des Beklagtenvertreters zu fragen, um dessen Vorbildung zu erkunden. Von dieser konnte die Entscheidung abhängen, ob das Rechtsgespräch fortzuführen oder zu beenden war. Die Richterin hat sich mithin durchaus sachgemäß verhalten."

Zusammenfassend läßt sich feststellen, daß die Zahl der auf einen Richter entfallenden Ablehnungen weniger zufällig als vielmehr davon abhängig ist, von welchem Selbstverständnis geleitet der Richter seine Aufgabe wahrnimmt.

Dort, wo arrogantes Verhalten, wo formelle Korrektheit der Prozedur unter Verzicht auf Kommunikation und Kompensation, wo ein Zuviel an Sachlichkeit und ein Zuwenig an Menschlichkeit die beherrschenden Maximen sind, dort sind Ablehnungen mit Sicherheit vorhersehbar.

C. Zusammenfassung

Das festgestellte Verhalten der Amtsrichter in einer Befangenheitssituation ist auf ein einfaches Grundmuster reduzierbar. Es erschöpft sich in zwei Reaktionsweisen, die danach bestimmt sind, wer — Rechtsstab oder Rechtsunterworfener — die Befangenheit bzw. deren Anschein akzentuiert.

In $1/3$ aller Fälle geht die Initiative zum Richterwechsel vom Richter selbst aus. Aus den genannten Selbstablehnungsgründen kann man schließen, daß die Richter jeweils vor Übernahme eines Prozesses durchprüfen, inwieweit eine der Parteien Gründe haben kann, an der richterlichen Unparteilichkeit zu zweifeln. Fällt diese Wertung positiv aus, werden die Gründe dem LG vorgelegt und von diesem zu 96 % akzeptiert, sodaß die vom Richter selbst angezeigte Befangenheit grundsätzlich zu einem Richteraustausch führt.

Umgekehrt verhält es sich, wenn die Befangenheitsbesorgnis von einer der Parteien geäußert wird. Wie dargestellt, vermögen sich die betroffenen Richter der Sicht der Antragsteller generell nicht anzuschließen. Der gesetzlich vorgesehene Fall, daß ein Richter die Befangenheitsbesorgnis wegen der Gründe des Antragstellers akzeptiert, ist faktisch nicht belegbar.

Als Resumé ergibt sich, daß auf der amtsgerichtlichen Ebene das den Parteien zustehende Grundrecht der Richterablehnung nicht realisierbar ist.

C. Zusammenfassung

Der Gesetzgeber hat diese Möglichkeit in sein Kalkül einbezogen und mit der Vorlagepflicht zum Landgericht eine Überprüfung an distanzierterer Stelle garantiert.

Damit wird anerkannt, daß es in manchen Fällen schwer sein kann, unbefangen über die eigene Parteilichkeit zu befinden.

Bendix — wohl frei von dem Verdacht, die psychologischen Faktoren einer Entscheidungsbildung zu wenig berücksichtigt zu haben — liefert hierfür in eigener Person ein treffendes Beispiel. Als nebenamtlicher Vorsitzender eines Arbeitsgerichts mit Ablehnungsanträgen konfrontiert, bemerkt er, eine persönliche Kritik wecke Abwehrkräfte, die geeignet und bestimmt seien, die Selbstkritik und alle Ergebnisse wissenschaftlicher, den Ablehnungen als solchen günstiger Forschung zum Schweigen zu bringen. Diese Abwehrkräfte sowie der Gedanke, daß der allgemeine Erfolg von Ablehnungsgesuchen die Rechtsprechung lahmlegen würde, hätten ihn bestimmt, den Gesuchen nicht stattzugeben[31].

Bendix' Reaktion bildet den Regelfall richterlichen Verhaltens. Man wird daher nicht nur sagen können, daß ein Richter in der Frage, ob er befangen erscheint, sicherlich befangen ist[32], sondern wird hinzufügen müssen, daß er dieser Befangenheit auch tatsächlich verhaftet bleibt.

Wenn optimistisch von Chancen der richterlichen Emanzipierung vom „Befangenheitsbann" gesprochen wird[33], so muß festgestellt werden, daß die Rechtswirklichkeit kein Terrain ausweist, auf dem diese auch nur ansatzweise sichtbar würden.

---

[31] Bendix, Zur Psychologie der Urteilstätigkeit, S. 97, 98.
[32] Hamm, Der gesetzliche Richter und die Ablehnung, S. 141.
[33] So Wassermann, NJW 1963, 430.

Fünfter Teil

Die Entscheidung der Obergerichte

Da die amtsgerichtliche Ebene sich der Befangenheitsproblematik (Fremdablehnung) verschließt, liegt die Gewährleistung des Verfassungsgebots vom unparteilichen Richter praktisch in den Händen der Obergerichte.

Es wird der Situation daher durchaus gerecht, wenn behauptet wird, die Bescheidung von Ablehnungsgesuchen gehöre zu den „vornehmsten und verantwortungsvollsten richterlichen Aufgaben[1]".

Wie diese Aufgabe konkret wahrgenommen wird, und ob, wie geäußert, in der Tat aus der größeren Distanz heraus dem Standpunkt des Antragstellers eine bessere Würdigung entgegengebracht wird mit der Konsequenz, daß Ablehnungen „oft" für begründet erklärt würden[2], soll im folgenden geschildert werden.

A. Zurückweisende Entscheidungen

I. Landgericht

1. Quantitativ

Im Untersuchungszeitraum hatte die für Ablehnungsgesuche zuständige Kammer des Landgerichts Köln[3] insgesamt 168mal über kontroverse Ablehnungen zu entscheiden. In 161 Fällen (= 96 %) hielt die Kammer eine Befangenheitsbesorgnis für nicht gegeben. In 7 Fällen

---

[1] Gloede (Richter am LG Hamburg), NJW 1972, 2067.

[2] So Rosenberg, JZ 1951, 215.

[3] Der Umstand, daß die Entscheidungen des Landgerichts im Untersuchungszeitraum von ein- und derselben Kammer getroffen worden sind, läßt den Schluß auf eine fortlaufende Identität bezüglich der zur Entscheidung berufenen Richterpersonen nicht zu. Vielmehr sind sowohl die Zusammensetzung der Kammer wie auch die Person des berichterstattenden Richters einer nahezu jährlichen Fluktuation unterworfen gewesen. Dies gilt entsprechend für das Oberlandesgericht, wo darüberhinaus 2 verschiedene Senate mit der Entscheidung befaßt waren. Zahlenmäßig läßt sich feststellen, daß insgesamt über 50 verschiedene Richter an den obergerichtlichen Entscheidungen mitgewirkt haben.

(= 4 %) vermochte das LG die vorgebrachten Befangenheitsbefürchtungen der Antragsteller für begründet anzusehen.

LG-Entscheidung

	Zahl der Ablehnungsgesuche	davon: zurückweisend	zusprechend	O. E.*
1963	12	12	0	0
1964	26	24	1	1
1965	20	18	2	0
1966	10	9	1	0
1967	19	18	1	0
1968	25	24	1	0
1969	19	19	0	0
1970	15	13	0	2
1971	14	14	0	0
1972	11	10	1	0
Summe	171	161	7	3

* Ohne Entscheidung, da sich das Gesuch infolge nachträglicher Zustimmung des abgelehnten Richters erledigt hatte. Vgl. oben Seite 78 ff.

2. Qualitativ

a) Entscheidungsmaßstab

§ 42 Abs. 2 ZPO normiert, in welchem Fall eine Befangenheitsablehnung anzuerkennen ist. Dann nämlich, „wenn ein Grund vorliegt, der geeignet ist, Mißtrauen gegen die Unparteilichkeit eines Richters zu rechtfertigen".

Wann ein Grund als hierzu tauglich erscheint, definiert die untersuchte Kammer des Landgerichts Köln folgendermaßen:

„Die Besorgnis der Befangenheit verlangt einen gegenständlichen, vernünftigen Grund, der die Partei von ihrem Standpunkt aus befürchten lassen kann, der Richter werde nicht unparteiisch sachlich entscheiden. Hierbei ist die Sachlage zwar vom Standpunkt der Partei aus zu werten, dies jedoch nach objektiven Kriterien." (9 T 43/71)

Die Befangenheit ist also an zwei Momente geknüpft: an die subjektive Meinung des Ablehnenden und das objektive Moment eines auf Gründe gestützten Verdachts der Befangenheit.

Die Grundproblematik des Ablehnungsrechts besteht darin, diese beiden gegenläufigen Komponenten in ein ausgewogenes, dem Sinn des Rechtsinstituts entsprechendes Verhältnis zu setzen.

Je nachdem, welchen Bestandteil der Entscheider favorisiert, spricht man von einem primär-subjektiven oder primär-objektiven Maßstab[4].

Rechtsprechung und h. M. urteilen nach einem vorrangig objektiven Maßstab[5,6], dem auch die hier untersuchten Gerichte folgen. So judiziert das OLG Köln an Hand einer Formulierung aus dem Großkommentar zur ZPO von Wieczorek, derzufolge ein subjektives Mißtrauen der Partei nur genüge, wenn ein objektiver Grund zum Mißtrauen anzuerkennen sei, also ein Grund, der jedem Dritten erkennbar sein müsse. (10 W 9/68)

Die seit längerem an diesem Maßstab laut gewordene Kritik wirft der Rechtsprechung eine Vernachlässigung des subjektiven Elements vor[7]. Trotz verbaler Betonung habe sie dieses Merkmal praktisch aus dem Maßstab hinausinterpretiert, was zu unerträglichen Konsequenzen und einer Verunklarung der ratio des Ablehnungsrechts führe[8].

Die nachfolgende Auswahl von Entscheidungen ist daran orientiert, den Standpunkt der Rechtsprechung deutlich zu machen und damit Argumente für diesen bzw. die Gegenposition zu liefern. Sie kann erfreulicherweise berücksichtigen, daß dieses Gebiet *obergerichtlicher* Entscheidung dogmatisch und durch eine detaillierte Wiedergabe von Rechtsprechungsbefunden auch rechtstatsächlich weitgehend erschlossen und bekannt gemacht ist. Die Zeiten, in denen man eine „stiefmütterliche Behandlung" dieses Themas in der Literatur beklagen mußte[9], sind vorbei[10].

Es erscheint daher begründet, von einer breit angelegten Darstellung der ermittelten Rechtsprechung abzusehen und in diesem Zusammenhang auf die Arbeiten von Teplitzky und Ernst zu verweisen, die den Kontext zwischen den Daten dieser Untersuchung und der generellen Situation vermitteln.

Die Wiedergabe kann sich daher auf die Fälle beschränken, an denen sich der angelegte Maßstab und damit die Kernproblematik des ober-

---

[4] Begriffe von Arzt, Der befangene Strafrichter, S. 21 f.

[5] BGH LM Nr. 2 zu § 42 ZPO; Stein-Jonas-Pohle, ZPO, § 42 Anm. II; Wassermann, NJW 1963, 429.

[6] Einen *streng* objektiven abstrakten Maßstab vertritt Hamm, Der gesetzliche Richter und die Ablehnung, S. 105 f. Siehe hierzu näher unten Seite 126.

[7] Teplitzky, NJW 1962, 2044; sowie JuS 1969, 318 ff. und MDR 1970, 107; Rasehorn, NJW 1966, 666; Arzt, a.a.O. S. 23 f.; Dahs, JZ 1970, 230; Hanack, JZ 1971, 91; Ernst, Die Ablehnung eines Richters w. Besorgnis der Befangenheit, S. 129 ff.

[8] Arzt, a.a.O. S. 23.

[9] So Wassermann, JR 1961, 401, der mit seiner Veröffentlichung überaus initiativ wirkte.

[10] Das belegen u. a. die in jüngster Zeit veröffentlichten Dissertationen von Ernst (1974) und Hamm (1975), a.a.O.

gerichtlichen Entscheidungsverhaltens zeigen läßt. Vorausgesetzt wird dabei, daß der Leser den bisherigen Ausführungen entnehmen kann, daß es neben diesem Bereich einen Bestand an selbstverständlichen Entscheidungen gegenüber Querulanten und Taktikern gibt, in dem für ein ernstliches Abwägen des Für-und-Wider schlechterdings kein Raum ist[11]. Wenn hier also nur die fragwürdigen Fälle vorgeführt werden, so geschieht dies nicht aufgrund einer selektiven Wahrnehmungsverzerrung[12], sondern weil diese Fälle besonders geeignet erscheinen, bestimmte Entscheidungsstrukturen zu verdeutlichen.

Was sich vom primär-subjektiven Standpunkt aus gegen die Entscheidungen einwenden läßt, ist in kritischen Anmerkungen angefügt.

b) *Ablehnungsgrund: Gesellschaftliche Fixierung*

Die 6 Gesuche, die dem Landgericht hinsichtlich dieses Ablehnungsgrundes zur Entscheidung vorgelegt wurden, sind ausnahmslos zurückgewiesen worden. Nach Ansicht des Landgerichts hat keiner der Antragsteller seine Befürchtungen durch entsprechende Tatsachen belegen können. Ein Beispiel mag dies verdeutlichen.

„Der Richter hätte vermutlich im Urteil eine andere Auffassung vertreten, wenn es sich nicht bei den Klägern um Justizbeamte des höheren Dienstes gehandelt hätte."

Antragsteller ist die anwaltlich nicht vertretene Beklagte, eine Hausfrau. Kläger sind 6 Justizangehörige, unter ihnen zwei Staatsanwälte und ein Amtsgerichtsrat.

Hierzu führt die zuständige Kammer des Landgerichts — Besetzung: 3 Berufsrichter — aus: „Der Umstand, daß der Antragstellerin als Prozeßgegner Angehörige der Justiz gegenüberstehen, verleiht ihr kein Ablehnungsrecht. Es besteht kein Grund für die Befürchtung, der Richter werde sich hierdurch bei der Rechtsfindung beeinflussen lassen." (9 AR 29/68)

Unzufrieden mit diesem Bescheid wandte sich die Antragstellerin an das Oberlandesgericht. Der mit der Sache befaßte Senat — Besetzung: 3 Berufsrichter — wies das Ablehnungsgesuch gleichfalls zurück. Begründung: „... Antragstellerin äußert nur Vermutung. Eine solche bloße Vermutung rechtfertigt nicht die Ablehnung, weil sie keine Tatsache, sondern eine durch nichts gerechtfertigte Annahme ist, der die dienstliche Äußerung des Amtsgerichtsrat entgegensteht, nicht befangen zu sein und insbesondere zu keinem der Kläger über das berufliche Verhältnis hinaus nähere Beziehungen zu unterhalten." (10 W 35/68)

---

[11] Gloede, NJW 1972, 2068.
[12] So einer der — m. E. unbegründeten — Vorwürfe gegen die Richteruntersuchung von Lautmann (Justiz — die stille Gewalt). Vgl. dazu J. Wolff, DRiZ 1974, 321.

Die Entscheidung, der im Ergebnis zuzustimmen ist, zeigt die Schwierigkeit, konkret eine Verbindung zwischen Richterpersönlichkeit und vermuteter Einstellung nachzuweisen. Prima facie spricht auch bei größeren Gerichten in den Augen eines Außenstehenden noch eine beachtliche Vermutung dafür, daß die Kollegialität zu engen Kontakten[13] und damit zu einer Beeinflussung führt. Zu Recht fordert daher Teplitzky, daß die Justiz diese Verdachtsmomente durch überzeugungskräftige Feststellungen über das wirkliche Ausmaß der Beziehung auszuräumen hat[14].

Ob die Antragstellerin — eine Hausfrau — mit Formulierungen wie „es besteht kein Grund für die Befürchtung" und „eine durch nichts gerechtfertigte Annahme" vertrauensvoll überzeugt werden kann, daß das massive Justizaufgebot auf der Klägerseite den Richter nicht beeinflussen wird, erscheint zweifelhaft.

c) Ablehnungsgrund: Verhalten des Richters im laufenden Prozeß

aa) Äußerungen

Weniger spekulativ wie im vorangegegangenen als vielmehr handfest lassen sich die Befangenheitsbefürchtungen in der Gruppe der richterlichen Äußerungen festmachen. Hier legen die Antragsteller Worte, Sätze und ganze Schreiben ihrer Richter vor, wobei über die Authentizität des Zitierten fast nie eine Diskrepanz entsteht, sondern diese sich in erster Linie in der unterschiedlichen Bewertung der Äußerungen offenbart. So trägt ein Antragsteller vor:

„Amtsgerichtsrat C habe erklärt: „Ich bin als Richter für meine Teilurteile berüchtigt." Zudem habe er dem Zeugen von Berlin, als dieser die Annahme des Zeugengeldes verweigerte, klarzumachen versucht, wieviel Glas Kölsch dieser dafür trinken könne. Er habe die Zeugen in besonders aggressiver Weise eingeschüchtert."

Hierzu das Landgericht: „Amtsgerichtsrat C hat in seiner dienstlichen Stellungnahme eingeräumt, die ihm vorgeworfene Äußerung gemacht zu haben. Er habe in der Sitzung vom 14. 10. 1970 mit den Parteien bzw. deren Prozeßvertretern die nach seiner Auffassung entscheidungsreifen Punkte erörtert und auf die Möglichkeit eines Teilurteils hingewiesen. Dabei habe er die ihm vorgeworfene Äußerung in selbstironischer Weise gegenüber den ihm gut bekannten Anwälten gemacht.

Den Zeugen von Berlin habe er auf seinen Zeugengeldanspruch besonders hingewiesen, weil ihm bekannt sei, daß Angestellte oft glauben, einen solchen Anspruch nicht zu haben. Dabei habe er zur Illustrierung ausgeführt, wieviel Glas Bier der Zeuge für die Gebühren trinken

---

[13] Teplitzky, JuS 1969, 320.
[14] Teplitzky, JuS 1969, S. 320, Anm. 36.

könne... Keiner der gegen Amtsgerichtsrat C erhobenen Vorwürfe rechtfertigt eine solche Besorgnis. Die Äußerung Amtsgerichtsrats C, er sei für seine Teilurteile berüchtigt, ist lediglich als humorvolle Bemerkung zu betrachten, die keinesfalls die Würde des Gerichts verletzt und noch weniger den Verdacht der Unparteilichkeit aufkommen lassen kann. Sie dient vielmehr der Auflockerung der meist ernsthaften Atmosphäre im Verhandlungssaal. Das gleiche gilt für die Erläuterung hinsichtlich der Zeugengebühren für den Zeugen von Berlin. Diese volkstümliche Art der Darstellung macht jedem Zeugen deutlich, auf welchen Betrag er verzichtet, wenn er keine Zeugengebühren in Anspruch nimmt. Die Behauptung, der Amtsrichter habe die Zeugen in besonders aggressiver Weise eingeschüchtert, ist vom Beklagten nicht durch Tatsachenvortrag erläutert worden und stellt sich somit lediglich als Wiedergabe einer Ansicht des Beklagten dar, auf die eine Ablehnung nicht gestützt werden kann..." (9 T 8/71)

Inwieweit diese „aufgelockerte" und „volkstümliche" Verhandlungsführung an den Adressaten vorbeigeht, ist oben gezeigt worden[15].

Ein anderer Antragsteller moniert, er sei von dem Richter mit den Worten empfangen worden: „Hier haben wir einen der ewig Unbelehrbaren. Sie wollen mit dem Kopf durch die Wand, ich empfehle Ihnen, gehen Sie zu einem Psychiater und lassen sich auf Ihren Geisteszustand untersuchen. Wenn Sie glauben, Sie können mit Ihrem Kopf unsere Mauern einrennen, so irren Sie sich, unsere Mauern sind stärker."

Hierzu führt das Landgericht u. a. aus: „Zudem hat der Beklagte auch nicht glaubhaft dargelegt, daß er einen sachlichen Ablehnungsgrund gegen Oberamtsrichter Dr. C hat. Oberamtsrichter Dr. C hat in seiner dienstlichen Äußerung, an deren Richtigkeit zu zweifeln die Kammer keine Veranlassung hat, ausgeführt, daß er dem Beklagten keineswegs den Rat gegeben habe, „sich auf seinen Geisteszustand untersuchen zu lassen" und auch nicht bemerkt habe, „unsere Mauern seien stärker" als er. Er habe den Beklagten mit Rücksicht auf dessen hartnäckigen und ruhelosen Kampf gegen die Verurteilung in der Strafsache lediglich erklärt, die Gesetze seien wohl stärker als er, der mit dem Kopf durch die Wand wolle und es sei deshalb am besten, er ziehe einen Psychiater zu Rate, der ihm ehesten helfen könne. Dabei habe ihm, so hat Oberamtsrichter Dr. C in seiner dienstlichen Äußerung weiter ausgeführt, jede Beleidigung ferngelegen. Wenn diese Äußerung des Abt.-Richters auch hätte unterbleiben können, so ist sie gleichwohl — auch aus der Sicht des Beklagten — in keiner Weise geeignet, Mißtrauen gegen die Unparteilichkeit des Richters zu begründen. Diese Äußerung war vielmehr erkennbar aus dem Verständnis für die menschliche Situation des

---

[15] Seite 87.

Beklagten begründet und läßt keine Voreingenommenheit des Richters erkennen." (9 AR 10/68)

Nicht nur in dem Versuch, einen Gegensatz zwischen angeblicher Äußerung und ihrer Paraphrasierung durch den Richter zu konstruieren, sondern auch in der weiteren Bewertung wird der primär-objektive Maßstab sehr deutlich.

Objektiv hätte die Äußerung zwar unterbleiben können, subjektiv durfte der Erklärungsempfänger sie gleichwohl nicht so verstehen, wie er sie verstanden hat. Denn das objektiv Mißverständliche war vom Richter subjektiv ganz anders gemeint.

Diese Gedankenfolge offenbart, in welchem Umfange die Gewichtung innerhalb des Maßstabes verschoben wird: anerkannt wird weder die subjektive Sicht des Ablehnenden noch der objektive Erklärungswert, sondern die subjektive Meinung des betroffenen Richters.

bb) Handlungen und Unterlassungen

Ausgangspunkt soll eine Ablehnung bilden, die für sich genommen zu dem hier behandelten Thema nichts beizutragen vermag. Der Antragsteller lehnt eine Richterin am Amtsgericht Köln ab, weil diese ihn gerügt habe, als er sich zwei Minuten verspätete.

Das Landgericht hat dieses Gesuch als unbegründet zurückgewiesen mit den Worten: „Die Überlastung der Gerichte erfordert, unnötiges Warten auf das Erscheinen der Geladenen zu vermeiden." (9 AR 24/65).

Interessant kann es sein, die Umkehrung dieses Falles zu betrachten und zu überlegen, was sich ereignet, wenn die anwaltlich vertretene Partei sich verspätet oder überhaupt nicht erscheint. Dazu folgendes Ablehnungsgesuch:

„Trotz seiner wiederholten Anträge habe die Richterin kein Versäumnisurteil gegen die Klägerin erlassen, obwohl deren Rechtsanwalt nicht erschienen sei. Sie, die Richterin, habe vielmehr nach über einer Stunde durch ihre Protokollführerin einen anderen Rechtsanwalt veranlaßt, für den nicht erschienenen Kollegen aufzutreten."

Die abgelehnte Richterin hat sich in ihrer dienstlichen Stellungnahme wie folgt hierzu geäußert: „... daß sie in der Regel gegen eine durch einen Anwalt vertretene Partei nicht vor 11 Uhr ein Versäumnisurteil erlasse. Dies habe sie dem Beklagten erklärt. Da dieser nicht habe warten wollen, sei die Protokollführerin aus dem Sitzungssaal gegangen, um sich bei den anderen Anwälten nach der Abwesenheit des Rechtsanwaltes der Klägerin zu erkundigen. Daraufhin habe sich ein Rechtsanwalt bereit erklärt, für seinen Kollegen aufzutreten. Dies entspreche einem kollegialen Brauch." (9 AR 37/68)

A. Zurückweisende Entscheidungen 99

Das Landgericht hat das Gesuch mit einer Begründung zurückgewiesen, auf die noch einzugehen sein wird. Das Oberlandesgericht hat in einem gleich gelagerten Fall lapidar entschieden: „Es ist nicht zu vermeiden, daß Rechtsanwälte häufig zur selben Zeit mehrere Termine in verschiedenen Sitzungssälen wahrnehmen müssen und deshalb nicht immer pünktlich erscheinen können. Deshalb ist nichts dagegen einzuwenden, daß der Richter für die Vertretung des abwesenden Rechtsanwaltes durch einen anwesenden Anwalt Sorge trug." (10 W 7/69)

Das Landgericht mochte die Frage, inwieweit derartige richterliche Fürsorge für die anwaltlich vertretene Partei den Richter nicht dem Anschein der Parteilichkeit aussetzt, nicht so bedenkenlos behandeln. Zu entscheiden war — neben dem bereits zitierten — u. a. auch über den folgenden Fall:

„In dem auf 9 Uhr 15 anberaumten Termin habe er gegen 9 Uhr 20 die Akten durch den Protokollführer herauslegen lassen und habe gegen 10 Uhr 30, 1¹/₄ Stunde später, das Versäumnisurteil beantragt. Dessen Erlaß habe der Richter abgelehnt mit der Begründung, er solle noch etwas warten, der Prozeßbevollmächtigte des Beklagten werde schon noch kommen. Er habe daraufhin bemerkt, er habe nun schon über eine Stunde gewartet und könne nicht länger warten. Trotzdem habe der Richter den Erlaß eines Versäumnisurteils abgelehnt. Ein gerade anwesender Rechtsanwalt habe gefragt, ob er den Termin für den abwesenden Kollegen übernehmen könne. Das habe der Richter genehmigt." (9 AR 11/69)

In der hier sichtbar werdenden doppelten Fragestellung — wielange darf der Richter ein Versäumnisurteil gegen eine anwaltlich vertretene Partei verweigern und darf er, wenn diese überhaupt nicht erscheint, für ihre Vertretung sorgen — hat das Landgericht folgendes festgestellt: „Die Frage, ob die im Gerichtsgebäude Reichenspergerplatz tätigen Zivilrichter ein Versäumnisurteil schon zur angesetzten Terminstunde erlassen müssen oder zunächst eine Wartefrist verstreichen lassen sollten, kann nicht unabhängig von den örtlichen, insbesondere den räumlichen Verhältnissen entschieden werden. Das Gerichtsgebäude Reichenspergerplatz ist für Menschen, die es zum erstenmal betreten, durch seine Bauweise, vor allem die fächerförmige Anlage der Flure, die Lage der Treppenaufgänge und Aufzüge sehr unübersichtlich. Trotz ausreichender Hinweisschilder wird man auf den Fluren immer wieder von Parteien oder Zeugen angesprochen, die den gesuchten Raum nicht finden können. Aus diesem Grund hat sich bei den Abteilungen und Kammern seit langem die Übung entwickelt, vor Erlaß eines Versäumnisurteils 15 Minuten zu warten ...

Dementsprechend erläßt die Richterin, wie sich aus ihrer Stellungnahme ergibt, gegen eine nicht durch einen Anwalt vertretene Partei

— zu Recht — um 9 Uhr 15, also eine Viertelstunde nach Ablauf der Terminstunde, ein Versäumnisurteil. *Ist die beim Aufruf nicht anwesende Partei durch einen Rechtsanwalt vertreten, so gilt aber grundsätzlich nichts anderes.* Nur wenn der Rechtsanwalt erkennbar gemacht hat, daß er den Termin wahrnehmen will, z. B. durch Eintragen in die Sitzungsrolle oder Herauslegen der Akten, kann und sollte die Wartezeit bis zur Verkündung eines Versäumnisurteils 45 Minuten ab Terminstunde betragen ... Da der Anwalt der Klägerin im vorliegenden Fall nicht erkennbar gemacht hat, daß er den Termin wahrnehmen wollte, hätte die Richterin auf den Antrag des Beklagten um 9 Uhr 15 ein Versäumnisurteil gegen die Klägerin erlassen müssen und nicht über die Protokollführerin einen Kollegen zur Vertretung des Rechtsanwaltes der Klägerin veranlassen dürfen. Die Richterin war nämlich nach Ansicht der Kammer nicht berechtigt, von sich aus für eine Vertretung des abwesenden Rechtsanwaltes zu sorgen. *Eine solche Handlungsweise kann für die nicht durch einen Anwalt vertretene Partei als eine Parteiergreifung des Gerichts für den Gegner erscheinen.* Sie ist auch nicht aus Rücksicht auf den Anwalt als Organ der Rechtspflege geboten. Denn wenn dieser sich nicht um eine entsprechende Vertretung in dem anstehenden Termin kümmert, *so ist es jedenfalls nicht Aufgabe der Gerichts, dies von sich aus für den Anwalt zu tun, weil es dadurch der Gegenpartei gegenüber in ein schiefes Licht, nämlich den Verdacht der Parteiergreifung für den Gegner, geraten kann* ...

Aber aus diesem Formfehler der Richterin vermag noch nicht die Besorgnis hergeleitet werden, daß sie auch bei der sachlichen Entscheidung des Prozesses zum Nachteil des Beklagten im Sinne der anfangs dargestellten Grundsätze befangen wäre. Denn die Handlungsweise der Richterin war lediglich darauf gerichtet, allen am Rechtsstreit Beteiligten, sowohl der Klägerin als auch dem Beklagten, in gleicher Weise zu dienen um eine unnötige Verzögerung des Prozesses zu vermeiden. Ein Versäumnisurteil hätte den Rechtsstreit nicht sachlich entschieden, sondern ihn, da der Anwalt der Klägerin mit Sicherheit rechtzeitig Einspruch eingelegt hätte, nur unnötig verzögert ..." (9 AR 37/68)[16]

Was sich an Bedenken gegen die Spruchpraxis des Landgerichts und des Oberlandesgerichts vorbringen läßt, hat das Landgericht selbst aufgezeigt. Die Partei, die sich einen Anwalt leisten kann, wird unzulässig privilegiert. Denn gegen sie kann in der Praxis kein Versäumnisurteil ergehen, d. h. dem Gegner wird der Vorteil, den ein Versäumnisurteil bietet, bewußt vorenthalten. Ob sich die bestehende Siegeschance gegen eine anwaltlich vertretene Partei realisieren läßt, wird im Einzelfall abzuwarten sein. Von vornherein über den Kopf der Partei hinweg zu unterstellen, diese Chance reduziere sich auf Null und deswegen ein

---

[16] Hervorhebungen vom Verf.

Versäumnisurteil zu verweigern, erscheint objektiv parteiisch und widerspricht selbst der ursprünglichen Idee der ZPO, „Kampfregel (zu sein) für den sich vor dem passiv bleibenden Gericht im freien Spiel der Kräfte vollziehenden Streit der Parteien[17]."

Auch wenn man die ZPO heute zu Recht anders versteht und den Gerichten eine weitgehende Eingriffs- und Gestaltungsfunktion zuerkennt, so erscheint das hier beobachtete Vorgehen als eine Perversion jeder kompensatorischen Justizausübung, denn es begünstigt den, der ohnehin rechtskundig ist.

Wie sich ein vom Gericht als „wahrscheinlich" unterstellter Geschehensverlauf in der Praxis zum Nachteil dessen, der ein Versäumnisurteil begehrt, entwickeln kann, mag der folgende Fall zeigen.

„Der Richter hätte schon im ersten Termin, am *22. 10. 1969*, in dem Rechtsanwalt P. im Auftrag der Haftpflichtversicherung der Beklagten, aber ohne Vollmacht von seiten der Beklagten, für diese erschienen sei, das vom Antragsteller beantragte Versäumnisurteil erlassen müssen, spätestens aber in dem darauffolgenden Termin. Auch in den weiteren drei Terminen sei Rechtsanwalt P. ohne Vollmacht aufgetreten und habe schließlich im Termin am 29. 6. 1970 das Mandat niedergelegt, da er von den Beklagten keine Vollmacht erhalten habe. Als das Versäumnisurteil schließlich am *29. 6. 1970* erlassen worden sei, sei den Beklagten bereits der Versicherungsschutz entzogen gewesen, so daß nunmehr gegen die mittellosen Beklagten seine Forderung nicht mehr durchzusetzen sei. Zudem habe der Richter das vom Kläger endlich erwirkte Versäumnisurteil nicht sofort unterzeichnet und auf eine entsprechende telefonische Anfrage erklärt: „Herr K. braucht sich mit der Vollstreckung nicht zu beeilen; die Beklagten haben keinen Versicherungsschutz mehr." Aus all dem folge für ihn, daß der Richter im Zusammenwirken mit Rechtsanwalt P. den Prozeß verschlept habe, bis die Beklagten ihren Versicherungsschutz verloren hätten."

Im Unterschied zu den vorausgegangenen Fällen hat der Richter zunächst korrekt gehandelt, indem er — was in seinem Ermessen lag — den vollmachtslosen Rechtsanwalt einstweilen zuließ. Gemäß § 89 Abs. 1 ZPO hätte er diesem aber eine Frist zur Beibringung der Vollmacht setzen müssen. Dieses Versäumnis rechtfertigt das Landgericht wie folgt: „Zwar soll zur Beibringung einer Vollmacht eine Frist gesetzt werden. Diese muß jedoch nicht schon bei Zulassung, sondern kann auch später bestimmt werden, insbesondere in einem Fall wie dem vorliegenden, wo die Versicherung der Beklagten einen Rechtsanwalt mit der Wahrnehmung der Interessen ihrer Versicherungsnehmer beauftragt hatte und anzunehmen war, daß diese Rechtsanwalt P. eine Vollmacht erteilen würden." (9 AR 33/70)

---
[17] Stein-Jonas-Pohle, ZPO, Einl. III Anm. I.

Wie der Sachverhalt zeigt, erwies sich das, was „anzunehmen" war, als verfehlte Spekulation zu Lasten des Antragstellers. Daß eine Partei, der so mitgespielt wird, von ihrem subjektiven Standpunkt aus an eine bewußte Benachteiligung durch den Richter glauben muß, erscheint erklärlich. Mag der Richter von einer tatsächlichen Befangenheit weit entfernt sein, den Anschein hat er sich doch erkennbar gegeben. Anders das Landgericht: „Die Anschuldigung des Klägers, der Richter habe in Zusammenarbeit mit Rechtsanwalt P. den Erlaß seines Versäumnisurteils solange hinausgezögert, bis den Beklagten der Versicherungsschutz entzogen worden sei, entbehrt angesichts der vorschriftsmäßigen und zügigen Abwicklung des Rechtsstreits jeder Grundlage."

*d) Ablehnungsgrund: Verhalten des Richters
in einem früheren Prozeß*

„Der Richter habe im Mai 1960 ein Fehlurteil gegen ihn gesprochen; außerdem habe der Richter einen Strafantrag wegen Beleidigung gegen ihn gestellt."

Hierzu das Landgericht (9 AR 4/65): Strafantrag habe damals nicht der abgelehnte Richter, sondern der Amtsgerichtspräsident gestellt. Folglich bestünde kein Grund, an der Unparteilichkeit des Richters zu zweifeln.

Ein Grund besteht meines Erachtens dann, wenn — wie oben in einem Parallelfall gezeigt[18] — die Initiative zum Strafantrag vom abgelehnten Richter selbst ausgegangen ist. Wäre dem so, dann hätte das Landgericht mit einer mehr als formalistischen Begründung eine berechtigte Befangenheitsbesorgnis beiseite geschoben. Denn vom Standpunkt der Partei aus kann es keinen Unterschied machen, ob der Richter selbst einen Strafantrag stellt oder seinen Dienstvorgesetzten bittet, diesen zu stellen[19].

e) Ablehnungsgrund: Eigenes Verhalten des Antragstellers

„Nachdem er die Ladung zur mündlichen Verhandlung im Zuchthaus erhalten habe, habe er den Richter gebeten, seine Vorführung anzuordnen, um den Termin persönlich wahrnehmen zu können. Der Richter habe das abgelehnt. Wegen dieser Verweigerung des Vorführungsersuchens habe er Dienstaufsichtsbeschwerde erhoben und Beschwerde beim Generalstaatsanwalt eingelegt mit der Bitte um Prüfung, ob ein Ermessensmißbrauch und eine Rechtsbeugung vorliege. Wegen dieser Schritte befürchte er, daß sich die Voreingenommenheit des Richters noch verstärken werde." Antragsteller ist der anwaltlich nicht ver-

---

[18] Siehe Seite 75.
[19] LG Berlin, zitiert bei Wassermann, JR 1961, 402.

tretene Beklagte, dessen Vermieter auf rückständigen Mietzins und Räumung der Wohnung klagt. Nach Zurückweisung seines Gesuches durch das LG, erhob der Antragsteller u. a. mit folgender Begründung Beschwerde:

„Durch die Ablehnung des Vorführungsersuchens sei der Gleichheitsgrundsatz verletzt worden, da der Kläger alle, er jedoch keinerlei Angriffs- und Verteidigungsmöglichkeiten gehabt habe... Er sei aber auch schon wegen der Tatsache, daß ihm die Mitteilung des abgelehnten Richters erst nach dem Termin zugegangen sei, nicht in der Lage gewesen, einen Vertreter zu bestellen. Wenn ihm nicht durch die Leitung der Strafvollzugsanstalt Köln das Erscheinen im Termin ermöglicht worden wäre, wäre gegen ihn ein Versäumnisurteil ergangen und ihm damit ein nicht wiedergutzumachender Schaden entstanden. Eine Räumungsklage sei im übrigen von so gravierender Bedeutung, daß ein persönliches Erscheinen des Beklagten zum Verhandlungstermin tunlich sei. Wenn, wie hier, eine Vorführung ohne ersichtlichen Grund abgelehnt werde, so müsse der Betroffene die Entscheidung des Richters als Ermessensmißbrauch empfinden und könne sich für die Folgezeit nicht von dem Gedanken befreien, daß der Richter ihm seine Rechte beschränke. Er müsse es als autoritäre Willkür und Parteilichkeit empfinden, wenn ihm der Richter das persönliche Erscheinen verwehre. Es sei wirklichkeitsfremd anzunehmen, daß seine Ehefrau in der Lage sei, ihn vor Gericht zu vertreten." (OLG 10 W 13/69)

Das Landgericht wertet das Vorgehen des Antragstellers folgendermaßen: „Erst recht kann die Besorgnis der Befangenheit nicht hergeleitet werden aus dem eigenen Vorgehen des Beklagten gegenüber dem abgelehnten Richter: der Dienstaufsichtsbeschwerde und der Beschwerde an den Generalstaatsanwalt. Solche Handlungen einer Partei vermögen die Besorgnis der Befangenheit schlechthin nicht zu begründen. Andernfalls würde es in das Belieben einer Partei gestellt, einen solchen Ablehnungsgrund willkürlich zu schaffen." (9 AR 1/69)

Gerade der vorliegende Fall drängt die Frage auf, inwieweit diese Gründe willkürlich geschaffen sind.

Dem Landgericht ist insoweit zu folgen, als — für sich gesehen — Dienstaufsichtsbeschwerden und andere Beschwerden über einen Richter keinen Ablehnungsgrund darstellen können, denn sonst wäre es für eine Partei ein leichtes, sich ihrem gesetzlichen Richter zu entziehen. Problematisch ist jedoch, ob man das Vorgehen des Antragstellers so isoliert sehen kann wie das Landgericht oder ob man nicht vielmehr prüfen muß, inwieweit eine Beschwerde nicht bereits als Symptom einer tiefsitzenden Zerrüttung im Verhältnis Richter/Partei zu begreifen ist. Zu Recht fordert daher Dünnebier eine Überprüfung, wie es zum Angriff auf den Richter gekommen ist und inwieweit dessen Verhalten mit ursächlich geworden sein kann[20].

Sieht man den zitierten Fall daraufhin durch, so offenbaren sich Willkürelemente doch zunächst einmal in der richterlichen Ermessensentscheidung, das Vorführungsersuchen abzulehnen. Die daraufhin eintretende Reaktion des Antragstellers ist dann nur Folge der für ihn unverständlichen richterlichen Maßnahme, und nicht etwas, was in langen Zellenabenden grundlos erdacht worden ist.

Dieses Verhalten als „willkürlich" zu bezeichnen, kann nur dem gelingen, der den Prozeß der Willensbildung nicht von der auslösenden Ursache her analysiert, sondern sich willkürlich einen späteren Zeitpunkt wählt.

f) Mangelnde Glaubhaftmachung

Unbegründet ist das Ablehnungsgesuch nicht nur, wenn die vorgebrachten Tatsachen keinen Grund für das behauptete Mißtrauen liefern, sondern gemäß § 44 Abs. II ZPO auch dann, wenn diese schlüssig behauptet, aber nicht hinreichend glaubhaft gemacht worden sind.

Vereinzelt sind Ablehnungsgesuche aus diesem Grunde zurückgewiesen worden. Wie das Gericht bei der Beweiswürdigung verfährt, wird an 2 Beispielen gezeigt.

„Der Richter habe ihm Akteneinsicht verwehrt und seine Voreingenommenheit dadurch gezeigt, daß er in einem Schreiben an ihn, Kritik an seinen, des Vaters, Erziehungsmaßnahmen geäußert habe."

Hierzu das Landgericht: „Die Prüfung der vom Vater in seinem Ablehnungsgesuch vorgebrachten Gründe hat nichts ergeben ... Dem Vater des Minderjährigen ist vom Abteilungsrichter eine Akteneinsicht *nicht* verwehrt worden. Davon ist entgegen dem Vorbringen des Vaters auszugehen. Denn Amtsgerichtsdirektor Dr. ... hat in seiner dienstlichen Äußerung dargelegt, daß der Vater ihn nicht um Akteneinsicht gebeten und daß er mit diesem die gesamte Sache besprochen habe. Die Kammer hat keine Veranlassung, dieser Erklärung des Richters nicht zu folgen. Hat der Vater den Richter aber nicht um Akteneinsicht gebeten — wozu nach der mit dem Richter erfolgten Besprechung der Sache für den Vater des Kindes auch keine begründete Veranlassung mehr bestand — so kann der Vater den Richter nicht mit der Begründung ablehnen, er habe keine Akteneinsicht erhalten." (9 AR 20/68)

„Der Richter habe zu einem Referendar, der für die Klägerin aufgetreten sei, gesagt: Die Beklagte erkenne nichts an, sie sehe nicht ein, daß sie die Handwerkerrechnung bezahlen müsse. Sie wolle eher noch

---

[20] Dünnebier, in: Löwe-Rosenberg, StPO, § 24 Anm. 7.

etwas zurück, aber es sei schon im letzten Termin ausgerechnet worden, daß die Beklagte noch zahlen müsse. Mit dieser Äußerung habe der Richter sie als uneinsichtig hingestellt." (9 T 1/71)

Hierzu das OLG: „Die Bemerkung des Richters war sachbezogen. Auf einen solchen Hergang beruft sich hier der abgelehnte Richter. Seiner Darstellung steht zwar die Wertung des Prozeßbevollmächtigten der Beklagten gegenüber, der den Vorfall ebenfalls miterlebt hat. Das vermag aber nicht hinreichend glaubhaft zu machen, daß sich der Vorfall gerade in der von ihm und nicht in der vom abgelehnten Richter geschilderten Weise ereignet hat, es geht nicht um den Wortlaut, sondern auf den der Äußerung beigegebenen Ton kommt es an. Hinsichtlich dessen hat sich der abgelehnte Richter eindeutig geäußert." (10 W 15/71)

An Hand der Frage: welche Aussage ist glaubwürdiger, die des Antragstellers, die des Anwaltes oder die des Richters? Läßt sich der vom LG verwandte Maßstab deutlich erkennen. Das Gericht gibt, wie in anderen Fällen auch[21], der richterlichen Schilderung objektiv den Vorzug, obwohl diese nicht weniger subjektiv ist als die der beiden anderen Gesprächsteilnehmer. In dieser Präferenz wird der generelle Anspruch der Justiz erkennbar[22], vom Ablehnenden Gläubigkeit in die Erklärung des Richters und Überwindung des eigenen Mißtrauens zu verlangen.

g) Verspätete Geltendmachung

§ 43 ZPO bestimmt, daß eine Partei einen Richter dann nicht mehr ablehnen kann, „wenn sie sich bei ihm, ohne den ihr bekannten Ablehnungsgrund geltend zu machen, in eine Verhandlung eingelassen oder Anträge gestellt hat."

Von den 161 zurückweisenden landgerichtlichen Entscheidungen sind 22 (= 12 %) aus § 43 ZPO begründet worden.

„Der Richter habe gesagt, er halte es für schamlos, daß ein Millionär gegen einen Rentner, der Sozialhilfe in Anspruch nehmen müsse, einen Restbetrag von 19,80 DM einklage, nachdem er den überwiegenden Teil seiner Rechnung habe liquidieren können. Er verstehe nicht, warum der Prozeßbevollmächtigte des Klägers das Mandat angenommen habe."

Das Landgericht hat dem Gesuch den Erfolg versagt. Es führt aus: „Dabei mag dahinstehen, ob im Hinblick auf den Auflagenbeschluß die vorausgegangenen, offenbar moralisch gemeinten Wertungen einen Befangenheitsgrund beinhalten. In jedem Fall hat der Kläger sein etwaiges Ablehnungsrecht mit der Stellung des Antrages aus dem Zahlungs-

---
[21] Siehe oben.
[22] Vgl. hierzu näher Arzt, Der befangene Strafrichter, S. 31 f.

befehl gemäß § 43 ZPO verloren. § 43 ZPO spricht eine unwiderlegbare Vermutung dafür aus, daß eine Partei, die sich trotz bekannten Ablehnungsgrundes weiter auf die Verhandlung einläßt, mit der Person des Richters einverstanden ist... Der Zweck der Vorschrift liegt darin, Prozeßverzögerungen zu verhindern (siehe OLG Hamburg MDR 1961, 152). Er nötigt die Partei, vor jeder weiteren Verhandlung ihr Ablehnungsrecht geltend zu machen. Ein bloßer Vorbehalt der Überprüfung, ob ein Ablehnungsgesuch anzubringen sei, vermag die mit der Antragstellung verbundene Fiktion des § 43 ZPO nicht zu umgehen." (9 AR 10/70)

Aus dem Beschluß 9 AR 20/69: „Nach Durchführung der Beweisaufnahme im Termin am 8. 7. 1969 wiederholten die Parteien ihre Anträge und verhandelten streitig zur Sache. Termin zur Verkündung einer Entscheidung wurde auf den 29. 7. 1969 anberaumt. Vorher — am 12. 7. — lehnte der Kläger den Richter wegen Befangenheit ab. Er sei im Beweistermin vom 8. 7. von dem amtierenden Richter beleidigt worden. Der Richter habe ihm mit erhöhter Lautstärke angeschrien: „Sie wollen mir was vormachen, Sie können mich nicht belügen und schon gar nicht aufs Kreuz legen." Die Verhandlung habe einen Tumult von Seiten des Richters und der Gegenpartei ausgelöst, als würde man auf einem Rummelplatz stehen und nicht vor einem Amtsgericht."

„Mit Schreiben vom 28. 7. 1969 ist der Kläger darauf hingewiesen worden, daß er nicht mehr auf frühere Befangenheitsgründe zurückgreifen könnte, nachdem er in der Sitzung vom 8. 7. 1969 seinen Klageantrag wiederholt habe. Der Kläger hat auf diesen Hinweis mit Schreiben vom 5. 8. 1969 erklärt, er selber habe den Gerichtssaal am 8. 7. 1969 vorzeitig verlassen mit der Bemerkung an den Richter, er verbitte sich „derartige üble Nachrede von seiten eines Richters". Es sei möglich, daß Frau Rechtsanwältin K den Klageantrag wiederholt habe... Im Hinblick auf die Verwirkung etwaiger Ablehnungsrechte muß sich der Kläger die Antragstellung durch seine Prozeßbevollmächtigte so entgegenhalten lassen, als ob er selber den Antrag gestellt hätte. Das gilt auch für den Parteiprozeß vor den Amtsgerichten. Ausweislich der Sitzungsniederschrift war Rechtsanwältin K zusammen mit dem Kläger im Termin vom 8. 7. 1969 anwesend. In Kenntnis der Verhandlungsführung des amtierenden Richters hat sie nach Abschluß der Beweisaufnahme die früheren Anträge wiederholt und streitig zur Sache verhandelt. Es wäre Sache des Klägers gewesen, seine Prozeßbevollmächtigte davon in Kenntnis zu setzen, daß er den Richter wegen Besorgnis der Befangenheit ablehnen wolle. Wenn er das nicht getan hat, vielmehr den Sitzungssaal vorzeitig verlassen hat, ohne seine Prozeßbevollmächtigte zu informieren, gehen die prozeßrechtlichen Nachteile zu seinen Lasten."

Die Negierung der Beweggründe, aus denen heraus sich eine Partei überhaupt in eine Verhandlung vor dem Richter eingelassen hat, wird in einer Entscheidung des Oberlandesgerichts sichtbar.

„In dem auf 9.15 Uhr anberaumten Termin habe er gegen 9.20 Uhr die Akten durch den Protokollführer herauslegen lassen und habe gegen 10.30 Uhr, 1¼ Stunde später, das Versäumnisurteil beantragt. Dessen Erlaß habe der Richter abgelehnt mit der Begründung, er solle noch etwas warten, der Prozeßbevollmächtigte des Beklagten werde schon noch kommen. Er habe daraufhin bemerkt, er habe nun schon über eine Stunde gewartet und könne nicht länger warten. Trotzdem habe der Richter den Erlaß eines Versäumnisurteils abgelehnt. Ein gerade anwesender Rechtsanwalt habe gefragt, ob er den Termin für den abwesenden Kollegen übernehmen könne. Das habe der Richter genehmigt."

Hierzu das OLG 10 W 19/69: „Zur Begründung seines Rechtsbehelfes wiederholt der Kläger sein früheres Vorbringen und trägt ergänzend vor, die Verhandlung am 28. Januar 1969 habe unter seinem Protest auf Anordnung des Gerichts stattgefunden ... Das Landgericht hat das Ablehnungsgesuch des Klägers mit Recht zurückgewiesen ...

Selbst wenn der Kläger angenommen haben sollte, er müsse auf die von ihm behauptete entsprechende Anordnung des abgelehnten Richters vor diesem verhandeln, wäre das nicht erheblich. § 43 ZPO stellt nämlich eine unwiderlegbare Vermutung dafür auf, daß die Partei, die sich trotz des ihr bekannten Ablehnungsgrundes vor dem Richter, der abgelehnt werden könnte, in die Verhandlung einläßt, mit der Person des Richters in Bezug auf seine Sachlichkeit und Unparteilichkeit einverstanden ist; vgl. Baumbach-Lauterbach, ZPO, 29. Auflage, § 43, Anm. A2. Ohne die Beweggründe der Partei zu berücksichtigen, wird allein an die Tatsache des Eintritts in die Verhandlung vor dem abzulehnenden Richter die Rechtsfolge geknüpft, daß das Ablehnungsrecht verloren ist."

Wie formell die Verwirkung des Ablehnungsrechts gehandhabt wird, zeigt auch der abschließende Fall, in welchem der Antragsteller sich die Unkenntnis des Richters von der rechtzeitig brieflich erklärten Ablehnung zurechnen lassen muß.

„Der Beklagte, der zu dieser Zeit wieder anwaltlich vertreten war, hat sich am 11. 2. 1972 vor Oberamtsrichter H auf eine Verhandlung eingelassen, ohne auf das Ablehnungsgesuch Bezug zu nehmen. Er hat damit die unwiderlegliche Vermutung aufgestellt, daß er mit der Person des Richters einverstanden ist (§ 43 ZPO). Daß der Beklagte persönlich den Richter mit Schreiben vom 4. 2. 1972, bei Gericht eingegangen am 8. 2. 1972, wegen Besorgnis der Befangenheit ablehnt hat, steht dem nicht entgegen. Dieses Schreiben war dem Richter am 11. 12. 1972 noch nicht bekannt. Darüber konnte der Beklagte nicht in Zweifel sein, nachdem der Richter, ohne das Ablehnungsgesuch zu erwähnen, in die Beweisaufnahme eintrat und anschließend mündlich verhandelte. Notfalls hätte der Beklagte Veranlassung gehabt, sich mit seinem Prozeßbevollmächtigten zu beraten." (9 T 25/72)

Die von Wassermann ermittelte Rechtspraxis[23], in der sich § 43 ZPO als „Härte" mit sich bringende Klippe erwies, an der „zahlreiche" Gesuche scheiterten, besteht unverändert fort.

Wie die genannten Beispiele zeigen, kommt es zu Härtefällen deshalb, weil die besorgte Partei nicht um die präkludierende Wirkung des § 43 ZPO weiß und selbst ein Rechtsanwalt — im Prozeß über 19,80 DM Zahnarzthonorar (9 AR 10/70) — fälschlicherweise meint,. sich die Ablehnung noch vorbehalten zu können. Hier könnte ein entsprechender richterlicher Hinweis im Interesse aller Verfahrensbeteiligten zu einer Lösung führen, die nicht von dem altrömischen Grundsatz iura vigilantibus scripta geleitet, sondern davon motiviert ist, daß Rechtskenntnis eine unabdingbare Voraussetzung für ein fair play in den Rechtsbeziehungen darstellt[24].

II. Oberlandesgericht

Man könnte meinen, daß den vor dem Landgericht gescheiterten Antragstellern mit der Möglichkeit, sich ans Oberlandesgericht zu wenden, eine weitere Chance eingeräumt sei. Doch auch hier entspricht die Rechtswirklichkeit nicht den kraft Gesetzes (§§ 46 Abs. 2, 567 ff. ZPO) denkbaren Möglichkeiten.

1. Quantitativ

Von den 161 vom Landgericht abschlägig beschiedenen Antragstellern unternahmen es 54 (= 34 %), sich mittels einer sofortigen Beschwerde an das Oberlandesgericht zu wenden. 52 (= 96 %) blieben erfolglos, 2 (im Jahr 1967) erfolgreich.

Diese Erfolgsquote ist so minimal — in 9 der 10 untersuchten Jahren 0,0 % — daß es nicht verwundert, wenn zwei Richter von verschiedenen Senaten des Oberlandesgerichts, die beide seit vielen Jahren über Ablehnungen judizieren, unabhängig voneinander gesprächsweise erklärten, sich an *keinen* Fall erinnern zu können, in dem das Oberlandesgericht eine landgerichtliche Ablehnungsentscheidung aufgehoben hätte.

---

[23] JR 1961, 405.
[24] Vgl. M. Rehbinder, Jahrbuch für Rechtssoziologie und Rechtstheorie, Bd. 3, S. 40.

2. Qualitativ

Soweit die oberlandesgerichtlichen Entscheidungen ausführlicher gehalten sind, sind sie zusammen mit den landgerichtlichen Entscheidungen wiedergegeben worden. In der Regel fallen die Beschlüsse jedoch recht knapp aus. Typische Formulierung: „Die Beschwerde wird zurückgewiesen aus den im Ergebnis zutreffenden Gründen des angefochtenen Beschlusses. (OLG 10 W 29/69) Oder wie es einer der vorstehend erwähnten Richter am Oberlandesgericht sinngemäß ausdrückte: Die Beschlüsse des Landgerichts seien alle so gewissenhaft begründet, „daß man dabei nichts zu tun brauche".

Was hier als Lob für das Landgericht gemeint ist, entbehrt nicht des Eigenlobes, denn diese ungestörte Harmonie zwischen landgerichtlichen und oberlandesgerichtlichen Bewertungen belegt nur, daß das Landgericht bereits so entschieden hat, wie das Oberlandesgericht entschieden hätte. Die von Lautmann in seiner Richteruntersuchung getroffene Feststellung, daß der hierarchische Aufbau des Instanzenzuges die untere Instanz veranlasse, „sich lernbereit zu verhalten"[25] und daß follich ein Mangel an Innovation bestünde, findet durchaus ihre Bestätigung.

B. Zusprechende Entscheidungen

I. Quantitativ

Von den 168 landgerichtlichen Entscheidungen sind 7 stattgebend, von den 54 oberlandesgerichtlichen Beschlüssen 2. Die Erfolgsquote liegt bei beiden Gerichten somit bei jeweils 4 %.

II. Qualitativ

1. In der Ablehnungsgruppe „Äußerungen des Richters im laufenden Prozeß" (Gesamtanteil 22 %) sind 5 der 9 erfolgreichen Gesuche zu finden. Zugleich ist dies die einzige Gruppe, in der landgerichtliche und oberlandesgerichtliche Entscheidungen divergieren.

„Noch während der Aussage des Zeugen H. habe der Amtsrichter zu den Vorkommnissen erklärt: „So etwas tut man doch nicht, einen Betrunkenen läßt man doch in Ruhe vorbei, den schlägt man doch nicht." Durch diese Erklärung habe der Richter das Ergebnis der Beweisaufnahme schon vorweg genommen, so daß in den Beklagten berechtigtes Mißtrauen gegen die Unparteilichkeit des Richters entstanden sei. Antragsteller sind die Beklagten in einem Schadenersatzprozeß wegen einer Schlägerei. Beide Parteien sind anwaltlich vertreten." (9 AR 17/67)

---

[25] Lautmann, Justiz — die stille Gewalt, S. 95.

Während Landgericht und Oberlandesgericht hinsichtlich der übrigen in diesem Gesuch vorgebrachten Ablehnungsgründe konform gehen, ergibt sich bezüglich der Wertung der beanstandeten Äußerung eine Diskrepanz. Das Landgericht meint, der Richter habe lediglich seine Rechtsauffassung zum Ausdruck gebracht. Dies sei ihm unbenommen. Soweit in seinen Bemerkungen eine Mißbilligung des Verhaltens der Beklagten ausgesprochen worden sei, habe der Richter das gebotene Maß an Zurückhaltung nicht verletzt. Der allgemein gehaltene Hinweis hinsichtlich des Verhaltens gegenüber einem Betrunkenen entspreche dem Empfinden breitester Bevölkerungskreise.

Demgegenüber führt das Oberlandesgericht aus: „Mit Recht leiten die Beklagten dagegen Bedenken gegen die Unparteilichkeit des Richters daraus her, daß dieser im Zusammenhang mit der Vernehmung des ersten Zeugen erklärt hat, einen Betrunkenen schlage man doch nicht, den lasse man vorbei. Zwar liegt in dieser Äußerung die Kundgabe einer Rechtsauffassung, zu der der Richter in jeder Lage des Verfahrens befugt ist. Darin erschöpft sich jedoch im Gegensatz zur Meinung des landgerichtlichen Beschlusses der Inhalt dieser Äußerung nicht.

Ersichtlich wollte Oberamtsrichter Dr. H mit dieser Äußerung auf eine weitverbreitete Meinung in höchstrichterlicher Rechtsprechung und Literatur hinweisen, die dahin geht, daß zwar im Rahmen der Notwehr eine schimpfliche Flucht nicht zumutbar sei, gegenüber einem Angriff eines Betrunkenen jedoch ein Ausweichen als nicht schimpflich geboten sei. Die Anwendung dieses Rechtssatzes auf den vorliegenden Fall setzte aber, worauf die Beklagten mit Recht hinweisen, eine Beweiswürdigung voraus. Denn um die Frage, wer im vorliegenden Falle mit Handgreiflichkeiten begonnen hatte, ging gerade der Streit der Parteien. Die Kundgabe des Rechtssatzes war daher in dieser Situation mit einer Beweiswürdigung inzidenter verbunden. Das wird noch deutlicher, wenn man hinzu nimmt, daß der Richter nach der nicht widersprochenen Behauptung der Prozeßbevollmächtigten der Beklagten im Zusammenhang mit der Zurückweisung der Ankündigung einer Strafanzeige erklärt hat, ein solches Verfahren „sei der übliche Schritt einer Partei nach vorne, die sehe, daß sonst nichts mehr zu machen sei". Aus dieser Erklärung kommt die Überzeugung des Richters zum Ausdruck, daß die Darstellung der Beklagten unrichtig und der Prozeß für sie praktisch schon verloren sei. Eine derartige Beweiswürdigung im Zusammenhang mit der Vernehmung des ersten von insgesamt vier geladenen Zeugen mußte aber auch dann, wenn der Richter, wie er in seiner dienstlichen Äußerung erklärt hat, tatsächlich nicht befangen sein sollte, jedenfalls in den Beklagten den Eindruck erwecken, als stehe er ihrem Vorbringen nicht mehr unbeeinflußt gegenüber und halte für sie den Prozeß schon für verloren. Das genügt, um ein Ablehnungsgesuch gemäß § 42 Abs. 2 ZPO zu begründen." (10 W 50/67)

Im nächsten Fall sind sich Landgericht und Oberlandesgericht in der Bewertung der monierten Äußerung einig.

„Der Richter habe zu ihm gesagt: ‚Ich als Konkursrichter fühle mich berechtigt, auf Sie als Verwalter jeden Druck auszuüben, psychologisch und auch mit anderen Mitteln'" (9 AR 10/67)

Eine unterschiedliche Sicht besteht lediglich bezüglich der Frage, ob die konstatierte richterliche Befangenheit den Antragsteller überhaupt noch tangieren kann. Während das Landgericht meint, daß für eine Ablehnung kein Raum mehr sei, da mit Abschluß des Konkursverfahrens keine Beziehung mehr zwischen Richter und Antragsteller bestünde, kommt das Oberlandesgericht zum gegenteiligen Ergebnis, denn dem Richter obliege es noch, die Vergütung für den Konkursverwalter (Antragsteller) festzusetzen. Daher dürfe nicht verkannt werden, „daß eine möglicherweise auch nur unterbewußte Befangenheit sich etwa bei der Ermessensentscheidung über die Vergütung des Konkursverwalters nicht nur in einer etwaigen Festlegung der Vergütung in zu geringem Maße, sondern durchaus auch in einer nicht durch die Sachlage gerechtfertigten Höhe niederschlagen kann." (OLG 10 W 49/67)

Der antragstellende Rechtsanwalt hatte den Richter in drei verschiedenen Vergleichs- bzw. Konkursverfahren insgesamt viermal abgelehnt. Nachdem seine Ablehnung im letzten Vergleichsverfahren vom Landgericht zurückgewiesen war, da das Aufsichtsverhältnis Richter—Rechtsanwalt beendet gewesen sei, erneuerte er sein Gesuch, als der Richter in diesem Verfahren wider Erwarten doch noch tätig wurde:

„Mit Rücksicht auf die in den früheren Ablehnungsverfahren aufgetretenen Spannungen zwischen ihm und dem Vergleichsrichter müsse er besorgen, daß dieser ihm gegenüber voreingenommen sei. Diese Besorgnis werde durch das in Ton und Ausdrucksweise verfehlte Schreiben des Vergleichsrichters vom 21. 2. 1968 bestätigt, das wie folgt laute: „Ihr Bericht vom 17. des Monats wird beanstandet. Der Bericht stellt keine Antwort auf die mit Schreiben vom 13. 11. 1967 an Sie gerichtete Anfrage dar. Nach hiesiger Auffassung sind Sie als Sachwalter der Gläubiger dafür verantwortlich, daß die Konstituierung und Beschlußfassung der Besserungskommission bis heute unterblieben sind. Im übrigen liegen die in Ihrem Bericht enthaltenen Ausführungen über die innenpolitischen Situation in Griechenland usw. neben der Sache. Ihr Verhalten wird hier als Pflichtwidrigkeit angesehen. Sie werden darauf hingewiesen, daß der Inhalt Ihrer Ausführungen keine Veranlassung gibt, die Ihnen gesetzte Berichtsfrist zu verlängern".

Hierzu das LG: „... Die Kammer vertritt zwar nicht die Auffassung, daß allein mit Rücksicht auf wiederholte frühere Ablehnungsgesuche in jedem Fall der Gesuchsteller aus seiner Sicht befürchten müsse, der mehrfach abgelehnte Richter werde deshalb nicht sachlich und unvoreingenommen entscheiden. Vorliegend kommt jedoch hinzu, daß umfangreiche Differenzen zwischen Rechtsanwalt T und Amtsgerichtsrat Dr. Q ausgetragen worden sind — wie die Verfahren erkennen lassen. Wenn auch Amtsgerichtsrat Dr. Q in seiner dienstlichen Äußerung zu vorliegendem Ablehnungsgesuch sich nicht für befangen erklärt hat — was aus seiner Sicht mit Rücksicht auf die erkennbar pflichtgemäße Handhabung des Verfahrens sicherlich zutreffen wird — so wird sich die Situation vom Standpunkt des Rechtsanwaltes jedoch gänzlich anders darstellen. Ihm ist nicht abzusprechen, daß er befürchtet, die vielfachen Differenzen könnten zu einer persönlichen Verärgerung des Richters geführt haben, die auf dessen sachliche Entscheidung Einfluß nehmen könnte. Es ist auch nicht von der Hand zu weisen, daß Rechtsanwalt T in dieser Befürchtung durch den Inhalt und den Ton des Erinnerungsschreibens des Vergleichsrichters vom 21. Februar 1968 bestärkt worden sein wird. Dabei verkennt die Kammer nicht, daß der Richter mit diesem Schreiben nicht ohne guten Grund auf eine baldige Erledigung seiner früheren Anfragen gedrängt hat und sich mit Rücksicht auf das schon betagte Verfahren und den längst überfälligen Zusammentritt der im Vergleich vereinbarten Kommission in Anbetracht der Gläubigerinteressen verpflichtet gesehen haben wird, seiner Erinnerung Nachdruck zu verleihen. Gleichwohl wird aus der Sicht von Rechtsanwalt T der wohl etwas schroffe Ton des Schreibens vom 21. 2. 1968 und der erhobene Vorwurf der Pflichtwidrigkeit als ein Ausdruck persönlicher Abneigung und Voreingenommenheit erscheinen." (9 AR 14/68)

Spannungen zwischen Richter und Rechtsanwalt sind der Grund einer weiteren — erfolgreichen — Ablehnung.

„Der Richter habe in die Sitzungsniederschrift nachträglich folgenden handschriftlichen Randvermerk eingetragen: „Währenddessen Toben des Rechtsanwaltes Dr. O!" Als im nächsten Termin nicht Rechtsanwalt Dr. O erschien, sondern der in derselben Praxis tätige Rechtsanwalt... habe der Richter erklärt, Dr. O sei offensichtlich nicht zufällig, sondern wohl absichtlich ferngeblieben." (9 AR 3/67)

Hierzu das LG: „Daß der Richter den Meinungsverschiedenheiten mit dem Anwalt, besondere Bedeutung beigemessen hat, ergibt sich aus seinem nachträglichen Protokollvermerk: Währenddessen Toben des Rechtsanwaltes Dr. O! Da dieser Vermerk weder für den Sachverhalt noch für dessen rechtliche Beurteilung erheblich ist, kann er nicht als Erinnerungsstütze gedacht gewesen sein. Vielmehr zeigt die Randbemerkung, daß der Richter das Verhalten des Anwalts mißbilligte und er sich hiermit noch nicht abgefunden hatte. Diese Überzeugung der Kammer wird durch das spätere Verhalten des Richters bestätigt. Obwohl es gerade wegen der entstandenen Differenzen geboten gewesen wäre, größte Zurückhaltung zu üben, fühlte er sich veranlaßt, in einem fast 8 Wochen später stattfindenden Termin sein Befremden über das Nichterscheinen von Rechtsanwalt Dr. O auszusprechen... In diesem Zusammenhang kann nicht unbeachtet bleiben, daß der Richter die Differenzen zwischen ihm und dem Anwalt mit einer durch denselben Anwalt im Jahre 1964 gegen ihn erstatteten Dienstaufsichtsbeschwerde in Zusammenhang bringt. Der Hinweis auf dieses Verfahren in seiner dienstlichen Äußerung vom 24. 1. 1967 ist nur so zu erklären, daß der Richter auf eine Voreingenommenheit des Anwalts gegen ihn schließt. Selbst wenn der Richter, was unterstellt werden kann, aus dieser von ihm angenommenen Voreingenommenheit des Anwalts keine Folgen herleitet, sondern sich bemüht, frei von jeglichen inneren Vorbehalten, also sachlich und unparteiisch zu entscheiden, so kann und muß doch die von dem Anwalt vertretene Partei befürchten, daß sich die Differenzen zwischen dem Prozeßvertreter und dem Richter zu ihrem Nachteil auswirken. Diese subjektive Vorstellung der Partei ist ausreichend, den Ablehnungsantrag zu rechtfertigen."

2. Die mit 61,5 % am häufigsten vertretenen Ablehnungsgesuche wenden sich gegen bestimmte Prozeßhandlungen bzw. Unterlassungen des Richters. Von den 111 Gesuchen dieses Inhalts fanden 2 die landgerichtliche Anerkennung.

„Infolge eines Kanzleiversehens sei sein Verfahrensbevollmächtigter nicht zum Termin am 29. 11. 1971 geladen worden. Der Richter habe daraufhin die Verhandlung auf den 28. 2. 1972 vertagt. Trotz seines Einwandes habe er sich geweigert, den Termin vorzuverlegen. Später habe er dann diesen Termin ohne sein Einverständnis aufgehoben. Diese einseitig zu seinen, des Antragstellers, Lasten gehende Verfahrensweise des Richters habe dazu geführt, daß nach mehr als einem halben Jahr über seinen Widerspruch gegen die einstweilige Verfügung noch nicht verhandelt worden sei." (9 T 20/72)

Hierzu das LG: „Dem Antragsgegner konnte bereits die Vertagung der mündlichen Verhandlung über den Widerspruch auf einen drei Monate später liegenden Termin (28. 2. 72) als eine seine berechtigten Interessen einseitig vernachlässigende prozessuale Maßnahme erscheinen, zumal der Richter auch auf eine diesbezügliche Rüge nicht bereit war, den Termin vorzuverlegen. Daß die Berufung auf den Geschäftsanfall den Antragsgegner hier nicht zu überzeugen vermochte, erscheint verständlich, da für eine Verhandlung über den Widerspruch gegen eine einstweilige Verfügung in der Gerichtspraxis auch bei im übrigen besetzter Terminsrolle ein naheliegender Termin angesetzt wird. Das durfte der Antragsgegner hier um so eher erwarten, als es auf einem gerichtsinternen Versehen, wenn auch nicht von Amtsgerichtsrat Dr. C selbst, beruhte, daß die Verfahrensbevollmächtigten des Antragsgegners keine Ladung zum Termin vom 29. 11. 71 erhalten hatten.

Wenn nunmehr der abgelehnte Richter den Termin vom 28. 2. 1972 am 11. 2. 1972 im einseitigen Einvernehmen mit der Antragstellerin aufhob, obgleich auf der Hand lag, daß hauptsächlich der Antragsgegner ein Interesse an dem beschleunigten Fortgang des Verfahrens haben mußte, dann konnte bei einer Würdigung der Gesamtheit der das Verfahren verzögernden Vorgänge auch bei einer vernünftigen Partei der Eindruck entstehen, daß der Richter die Interessen der Antragstellerin einseitig bevorzuge. Darauf, ob dieser Eindruck begründet ist, kommt es nicht an. Um jeden Schein einer parteilichen Prozeßführung zu verhindern, hat die Kammer daher dem Ablehnungsgesuch stattgegeben."

Der zweite Fall ist hinsichtlich des Ablehnungsgrundes wenig ergiebig. Über seine Berechtigung brauchte das Landgericht nicht mehr zu entscheiden, da der abgelehnte Richter in seiner dienstlichen Äußerung einen anderen, durchgreifenden Ablehnungsgrund selbst schuf. Zugrunde lag folgendes Gesuch:

„Der Richter habe die Beweisaufnahme in einer Art und Weise geführt, daß er das Vertrauen in den Richter verloren habe. Er habe daher seinen Prozeßbevollmächtigten angewiesen, in dieser Sache nicht mehr mit dem Richter zu verhandeln und dem Richter vorgeschlagen, den Rechtsstreit einem anderen Richter zu überlassen." (9 AR 18/66)

Das Landgericht führt hierzu aus: „In seiner dienstlichen Äußerung weist (der Richter) die Vorwürfe des Beklagten zurück, erklärt sich aber nunmehr selbst mit der Begründung für befangen, daß er nicht mehr in der Lage sei, in der Sache objektiv zu entscheiden, weil die Eingabe des Beklagten den Vorwurf der Rechtsbeugung enthalte... ... in der Sache konnte dem Ablehnungsgesuch der Erfolg nicht versagt bleiben. Dabei kann dahingestellt bleiben, ob die Beanstandungen des Beklagten hinsichtlich der Durchführung der Beweisaufnahme richtig sind. Nachdem Amtsgerichtsrat T in seiner dienstlichen Äußerung erklärt hat, er fühle sich nicht mehr in der Lage, in der Sache objektiv zu entscheiden, liegt ein Grund vor, der den Beklagten *von seinem Standpunkt aus* befürchten lassen muß, daß der Richter nicht mehr unparteiisch sachlich entscheiden werde. Dann erscheint es aber angebracht, dem Ablehnungsgesuch stattzugeben."

3. Das Verhalten des Richters in einem früheren Prozeß spielt als Ablehnungsgrund mit 8 % eine untergeordnete Rolle. Zwei der 14 Gesuche dieser Art sind vom Landgericht für begründet erklärt worden.

„Der Richter habe in einem zwei Jahre zurückliegenden Verfahren Strafanzeige gegen ihn erhoben." (9 AR 21/64)

Hierzu das Landgericht: Das Gesuch ist begründet, „weil angesichts der Strafanzeige des abgelehnten Richters im Verfahren im Jahre 1962 ein gegenständlicher vernünftiger Grund besteht, der den Antragsteller von seinem Standpunkt aus befürchten lassen könnte, daß der Richter nicht unparteiisch sachlich entscheiden werde."

Eindeutig ist auch der Sachverhalt im zweiten Fall:

„In einem früheren Prozeß, der bei dem Richter anhängig gewesen sei, sei gegen den Beklagten wegen eines tätlichen Angriffs auf einen anderen Taxifahrer auf Leistung von Schadenersatz aus unerlaubter Handlung erkannt worden. In dem Urteil heiße es, das Gericht sei aufgrund der Aussagen verschiedener Zeugen sowie des Eindrucks, den der Beklagte mache, zu der Überzeugung gelangt, daß es sich bei ihm um einen „brutalen Schläger" handele. Damit habe der Richter, obwohl die Zeugenaussagen über das zu beurteilende Geschehen höchst widersprüchlich gewesen seien, durch die getroffene Feststellung zum Ausdruck gebracht, daß es sich bei dem Beklagten um einen „Hang- und Veranlagungstäter" handele, dem immer wieder derartige Taten zugetraut werden müßten. Da der nunmehrige Kläger einen ähnlichen Vorfall behaupte, wie er Gegenstand des Vorprozesses gewesen sei, könne nicht ausgeschlossen werden, daß die im Urteil vom 19. November 1965 zum Ausdruck gekommene Überzeugung des Richters auch im vorliegenden Verfahren ihren Niederschlag finden werde." (37/65)

Hierzu das LG: „Die im Urteil vom 19. November 1965 getroffene Feststellung, bei dem Beklagten handele es sich nach der Überzeugung des Gerichts um einen brutalen Schläger, ist in ihrer Wirkung nicht auf den Vorfall vom 27. Juli 1961, der Gegenstand des Verfahrens war, beschränkt. Sie enthält vielmehr darüber hinaus eine allgemeine Charakterisierung des Beklagten als eines zu tätlichen Übergriffen auf andere neigenden Menschen. Unter diesen Umständen ist es möglich, daß der Beklagte von seinem Standpunkt aus die Befürchtung hegen kann, diese Einschätzung seiner Person könne sich zu seinen Ungunsten auf die Entscheidung des vorliegenden Rechtsstreits, in welchem er auf Grund eines ähnlichen Vorfalls in Anspruch genommen wird, auswirken. Wenn das Landgericht auch davon überzeugt ist, daß diese Befürchtung unbegründet ist, so mußte gleichwohl dem Ablehnungsgesuch stattgegeben werden." (9 AR 37/65)

III. Struktur

Vergleicht man die hier zitierten 9 erfolgreichen Ablehnungsgesuche mit den 159 gescheiterten, so fällt es schwer, im einzelnen inhaltliche

Abgrenzungskriterien zu fixieren. Vielmehr sind die Grenzen zwischen „unbegründet" und „begründet" so fließend, daß sich ein besonderes Erfolgsprofil nicht darstellen läßt[26].

Da der Erfolg somit nicht allein von der Qualität des Ablehnungsgesuches abhängig zu sein scheint, sind neben den sachlichen Momenten persönliche Faktoren mit einzubeziehen.

Evident ist, daß die erfolgreichen Antragsteller sich — mit einer Ausnahme — anwaltlicher Hilfe bedient haben, gegenüber einer durchschnittlichen anwaltlichen Vertretung der Antragsteller von 26 %. Hieraus läßt sich der Schluß herleiten, daß es neben dem Ablehnungsgrund entscheidend auf die Form der Artikulation und Präsentation ankommt. Ein nicht anwaltlich vertretener Antragsteller scheint Gefahr zu laufen, seines begründeten Ablehnungsrechts bereits im Vorfeld der rechtzeitigen Geltendmachung und glaubhaften Aufbereitung verlustig zu gehen.

Vielleicht ist dies auch ein Grund dafür, warum die Juristen so überrepräsentiert sind: sie stellen 7 % der Antragsteller, aber 33 % der erfolgreichen Gesuche.

---

[26] Vgl. beispielsweise die Entscheidungen 9 AR 33/70 (S. 101 f.) und 9 T 20/72 (S. 113 f.) sowie 9 AR 4/65 (S. 102) und 9 AR 21/64 (S. 115).

Sechster Teil

Ratio und Realität des Ablehnungsrechts

A. Ratio legis

„Damit das Vertrauen in die Rechtspflege nicht gefährdet wird", ist Vorsorge dafür zu treffen, daß Richter ihr Amt dann nicht ausüben, wenn ihre Unparteilichkeit in Frage gestellt ist[1].

Denn nur wenn im Einzelfall gewährleistet wird, daß ein parteilich erscheinender Richter eliminierbar ist, kann jenes Vertrauensverhältnis entstehen, das für die befriedende Wirkung jedes Richterspruches von ganz zentraler Bedeutung ist[2]. Das Vertrauen der Rechtsgemeinschaft in die Integrität der Justiz ist folglich als Lebenselement der Rechtspflege bezeichnet worden[3]. Von ihr hängen letztlich Glaubwürdigkeit und Autorität des Richterspruches ab.

Zur Gewährleistung dieses fundamentalen Prinzips sind von den verschiedenen Rechtsordnungen Vorsorgen unterschiedlicher Art getroffen worden[4].

Generell läßt sich sagen, daß die Anforderungen an den der Justiz entgegenzubringenden Vertrauensvorschuß im Laufe der Rechtsentwicklung größer geworden sind. Was auch heißt: die Grenzen des von der Justiz geduldeten Mißtrauens haben sich stetig verengt.

Hatte der Rechtsunterworfene im römischen Recht praktisch noch die Möglichkeit, sich einen Richter seines Vertrauens auszusuchen, indem er den zuständigen Richter ohne Angabe von Gründen ablehnen konnte[5], so muß der zeitgenössische Rechtssuchende seine Vertrauensbasis dort personell gründen, wo die Justiz es ihm qua Geschäftsverteilungsplan vorschreibt. Was sicher qualitativ etwas anderes, aber zumutbar ist,

---

[1] Nikisch, Zivilprozeßrecht, S. 81.
[2] Hanack, JZ 1971, 91.
[3] Dahs, JZ 1970, 230.
[4] Siehe im einzelnen die ausführliche Darstellung bei Ernst, Die Ablehnung eines Richters wegen Besorgnis der Befangenheit, S. 8 ff.
[5] Vgl. Ernst, S. 9.

wenn die Justiz in den Fällen, in denen diese Basis nicht wachsen will, gewährleistet, daß ein anderer Richter zur Verfügung steht.

Wie dargestellt, ist in unserem Rechtssystem der letztere Weg normiert und durch seine Qualifizierung als Grundrecht besonders markiert.

B. Realität

Die ermittelten Ergebnisse zeigen, daß die Verwirklichungsmöglichkeiten für eine Richterablehnung im Zivilprozeß (Amtsgericht) so gering sind, daß man korrekterweise statt von Chancen eher von Mißerfolgschancen mit 95 %iger Realisierungserwartung sprechen sollte[6].

Ob seiner vorhandenen Effektivität (Effektivitätsquote: 5 %)[7] läßt sich das Institut der Richterablehnung jedoch nicht als lediglich normativ geltendes Recht und damit als sog. law in the books kennzeichnen, sondern wegen seiner — wenn auch minimalen — sozialen Realität als lebendes Recht[8].

C. Ursachenforschung

Aufgrund der ermittelten Rechtswirklichkeit — dem Interaktionsfeld von Rechtsstab und Rechtsunterworfenen[9] — kann versucht werden, die Faktenforschung zur explicativen Ursachenforschung zu vertiefen.

Wir haben gesehen, daß die Judikative bei der Anwendung der Befangenheitsnorm Kriterien verwendet, die es so gut wie ausschließen, daß die Norm faktisch zum Einsatz kommt. Zu klären ist, ob das mißbräuchliche Verhalten der Rechtsunterworfenen dies erforderlich macht und inwieweit im Tatsächlichen und Dogmatischen andere Notwendigkeiten sichtbar werden, die dies gebieten.

I. Mißbrauch

Daß die Bescheidung von Ablehnungsgesuchen vielfach auch zu den lästigsten richterlichen Aufgaben gehört[10], läßt sich bestätigen. Bezwei-

---

[6] Rechnet man den beim LG erfolgreich gebliebenen 7 Gesuchen (= 4 %) die im Rechtsmittelverfahren anerkannten 2 (= 4 %) hinzu, so ergibt sich hinsichtlich der 168 Ablehnungsgesuche eine Erfolgsquote von 5 %.
[7] Vgl. zu diesem Begriff Geiger, Vorstudien zu einer Soziologie des Rechts, S. 71.
[8] Vgl. M. Rehbinder, JuS 1973, 276.
[9] M. Rehbinder, Einführung in die Rechtssoziologie, S. 5.
[10] Gloede, NJW 1972, 2067.

felt werden muß aber aufgrund der vorliegenden Daten, daß das Ausmaß der Belästigung so groß ist, wie von der Justiz behauptet.

Querulanten stellen lediglich 20 % der Gesuche. Sie müssen — wie in sonstigen Verfahren auch — als Zerrbild der Mündigkeit in Kauf genommen werden[11], und sind keineswegs repräsentativ für die Antragsteller.

Der bewußte Mißbrauch des Ablehnungsrechts durch Taktiker spielt eine sichtbare Rolle. Das genaue Ausmaß läßt sich, wie dargelegt, nicht angeben. Ihr Anteil kann auf 20 % geschätzt werden, ein Wert, der eher zu hoch als zu niedrig angesetzt erscheint.

Als Fazit ergibt sich, daß der Bestand an Gesuchen, dessen Nichtrealisierbarkeit eindeutig von den Rechtsunterworfenen selbst zu verantworten ist, mit ca. 40 % angegeben werden kann.

Die in Richterkreisen vielfach anzutreffende Vorstellung, mit der Richterablehnung „sei das ein Kreuz, die Gründe seien alle an den Haaren herbeigezogen"[12] ist in dieser Pauschalierung nicht gerechtfertigt. Richtig ist, daß über die Hälfte der Gesuche (60 %) weder taktisch noch querulatorisch motiviert sind und folglich einer gewissenhaften Betrachtung durchaus zugänglich und bedürftig sind.

II. Prozeßökonomie

Das Erfordernis der Prozeßwirtschaftlichkeit ist eine der geläufigsten Argumente in der Rechtspraxis bezüglich der Frage, wie Ablehnungsgesuchen zu begegnen sei[13].

Wie gezeigt, bedingt die wünschenswerte Rechtsstaatlichkeit des Ablehnungsverfahrens notwendigerweise eine Prozeßverzögerung, die zwischen 2 und 3 Monaten liegt. Eine im Einzelfall nicht unbeachtliche Verfahrensverlängerung, die aber — von dogmatischen Gründen ganz abgesehen[14] — tatsächlich tolerierbar ist. Denn unter den vielfältigen Prozeßverzögerungselementen spielt die Verzögerung durch eine Richterablehnung, wie Baumgärtel/Mes ermittelt haben, faktisch keine Rolle. Sie kommt nur in 0,5 % aller Prozesse beim Amtsgericht vor[15].

Dieser niedrige Wert wird von der vorliegenden Untersuchung noch unterschritten. 1972 waren im hier untersuchten Sektor — die Amtsgerichte des LG-Bezirks Köln — insgesamt 35 029 Zivilprozeßsachen

---

[11] Vgl. Rasehorn, NJW 1966, 666.
[12] Äußerung eines Senatsvorsitzenden am OLG gegenüber dem Verfasser.
[13] Vgl. Ernst, Die Richterablehnung w. Besorgnis der Befangenheit, S. 146.
[14] Siehe hierzu Ernst, S. 146 f.
[15] Baumgärtel/Mes, Rechtstatsachen zur Dauer des Zivilprozesses (erste Instanz), S. 232.

anhängig[16]. Abgelehnt wurden im selben Jahr 11 Richter, d. h. in 11 von 35 029 Prozessen ist es aus diesem Grunde zu einer Verfahrensverzögerung gekommen. Angesichts dieser Relation erscheint eine prozeßwirtschaftliche Argumentation unhaltbar.

III. Gesetzlicher Richter

In dogmatischer Hinsicht ist als „wichtigster Grund" gegen eine *Großzügigkeit* in Ablehnungsfragen die Forderung nach dem gesetzlichen Richter bezeichnet worden[17]. Diese These ist richtig und falsch zugleich.

Wie das BVerfG seit seinem Beschluß vom 8. 2. 1967[18] in ständiger Rechtsprechung betont, kann nur derjenige Richter „gesetzlicher Richter" i. S. v. Art. 101 Absatz 1 Satz 2 GG sein, der „die gebotene Neutralität und Distanz (nicht) vermissen läßt."

Aufgabe der Ablehnungsvorschriften ist es daher, wie Hamm zutreffend ausführt[19], die „blinde Automatik" der durch Art. 101 GG gebotenen abstrakten Richter — Rechtsfallzuordnung dann zu korrigieren, wenn sie im Einzelfall einen parteilichen Richter zum Einsatz bringt.

Die Gefahr, die in dieser Korrektur liegt, besteht darin, daß sie bei „falscher" Anwendung zur Eliminierung des gesetzlichen Richters führt. Dies aber kann nicht nur dadurch geschehen, daß infolge „Großzügigkeit" ein unbefangener = gesetzlicher Richter für ungesetzlich, sondern auch infolge „Engherzigkeit" ein befangener = ungesetzlicher Richter für gesetzlich erklärt wird.

Art. 101 GG liefert keinen Maßstab für diese Entscheidung, sondern gewährleistet sie, indem dem Anwender des Ablehnungsrechts „mit der Autorität eines Grundrechts"[20] geboten wird, die Ablehnungsvorschriften der einfachen Verfahrensgesetze zu befolgen. Bei der Auslegung dieser Vorschriften nun wiederum die Beachtung des Prinzips des gesetzlichen Richters zu fordern, kommt einer petitio principii gefährlich nahe[21].

Dogmatisch läßt sich daher aus dem Prinzip des gesetzlichen Richters per se nichts herleiten, was gerade für eine *bestimmte* Spruchpraxis

---

[16] Laut Statistischen Berichten des Statistischen Landesamtes Nordrhein-Westfalen: Organisation, Personal und Geschäftsanfall bei den Gerichten und den Staatsanwaltschaften in Nordrhein-Westfalen 1972, S. 12.
[17] Sarstedt, JZ 1966, 314.
[18] Zur Verfassungswidrigkeit des § 6, Abs. 2 Satz 2 FGG, BVerfGE 21, 139 (146).
[19] Hamm, Der gesetzliche Richter und die Ablehnung, S. 53.
[20] Hamm, S. 98.
[21] Teplitzky, JuS 1969, 319.

spräche. Ist man beispielsweise für „Großzügigkeit", so kann das nicht heißen, daß der gesetzliche Richter übergangen, sondern nur bedeuten, daß er im Sinne dieses Maßstabes erst jetzt richtig bestimmt ist.

IV. Kollegialität

Überprüft wurden bisher objektive Faktoren der Entscheidung, deren Visibilität außer Frage steht. Nun kann es heute als Allgemeingut angesehen werden, den Richter nicht als bloßen Subsumptionsautomaten zu begreifen, sondern zu wissen, daß, wie Geiger es formuliert, die Juristensprache unter Berufung auf angebliche objektive Maßstäbe die rechtsschöpferische Tätigkeit des Richters verbirgt[22]. Denn das Recht bietet viele Möglichkeiten, unter Benutzung der anerkannten Auslegungsmethoden eine dem eigenen Rechts- und Sachverständnis angemessene Entscheidung lege artis zu begründen[23] und „ein Urteil — man möchte sagen: beinahe beliebigen Inhalts — als legal darzustellen[24]".

Gerade die Ablehnungsentscheidung bietet günstige Voraussetzungen hierfür. Zwar ist § 42 ZPO nicht als Generalklausel zu verstehen, deren Ausfüllung in das freie Ermessen des Entscheiders gestellt wäre[25]. Andererseits ist aber nicht zu verkennen, daß die Frage, ob ein Grund *geeignet* ist, Mißtrauen gegen die richterliche Unparteilichkeit zu rechtfertigen, dem Richter einen weiten Spielraum läßt, auf Grund dessen er bei der Befangenheitsentscheidung „allen irrationalen Versuchlichkeiten" ausgesetzt ist[26].

Zu fragen ist demnach, welche Einflußfaktoren hinter den vom Recht scheinbar gebotenen Lösungen stehen können. Diese Fragestellung erscheint auch dann sinnvoll, wenn man berücksichtigt, daß der Einfluß *bestimmter* Faktoren in der *einzelnen* Entscheidung konkret kaum nachweisbar sein wird, da es überaus schwierig ist, einzelne Faktoren als letztlich entscheidend herauszudestillieren[27].

Im Rahmen des Ablehnungsrechts ist in erster Linie die berufsrichterliche Solidarität als Einflußfaktor vermutet worden. Teplitzky spricht von einem existenten Vorwurf der „allzu solidarischen Abschirmung von Richtern gegen Ablehnungsgesuchen"[28] und „(scheinbaren)

---

[22] Geiger, Vorstudien zu einer Soziologie des Rechts, S. 255.
[23] Esser, Vorverständnis und Methodenwahl in der Rechtsfindung, S. 7.
[24] Lautmann, Soziologie vor den Toren der Jurisprudenz, S. 58.
[25] H. M., vgl. Ernst, Die Ablehnung eines Richters w. Besorgnis der Befangenheit, S. 27 f., sowie Hamm, Der gesetzliche Richter und die Ablehnung, S. 99 ff., a. A. Stein-Jonas-Pohle, ZPO § 42 Anm. II 1, die für ein „freies pflichtgemäßes Ermessen" eintreten.
[26] So Ridder, Demokratie und Recht, Heft 3/1973, S. 241.
[27] Koch, JuS 1973, 473.
[28] JuS 1969, 319.

Anhaltspunkten für die Richtigkeit des populären Wortes von der Krähe, die der anderen kein Auge aushacke"[29]. Unverblümter konstatiert Hannover, daß die „Kameraderie der Richter" das Ablehnungsrecht zur Farce degradiert habe, da die zuständigen Richter sich in häufig geradezu peinlicher Weise bemühten, ihre abgelehnten Kollegen zu decken[30].

Ursache dieses Verhaltens sei, so Bendix, daß Berufsrichter untereinander im Interesse der Funktionsfähigkeit des Justizapparates Solidarität übten und wenn irgendeine Maßnahme geeignet erscheine, die Richteraufgabe selbst lahmzulegen, so würden sie mit starkem Gefühl dagegen reagieren und nach Gründen suchen und Gründe finden, die dies verhinderten[31].

Mir scheint, daß hier noch zu vordergründig rational argumentiert wird. So viel Nestwärme liefert der Apparat im Zweifel nicht, als daß dieser mit „starkem Gefühl" verteidigt werden würde. Das Wort Gefühl lenkt jedoch auf den richtigen Zusammenhang, den der emotionalen Betroffenheit. Bendix weist selbst in diese Richtung, indem er davon spricht, daß von Richterseite in der Ablehnung regelmäßig ein besonderer Angriff gesehen wird, „der nach der heiligen rationalistischen Überlieferung des unparteilichen Richters als besonders schwer empfunden wird"[32].

Frappierend ist zunächst die Konformität zwischen der amtsgerichtlichen und der obergerichtlichen Entscheidung. Sieht der abgelehnte Richter keine Befangenheit, so vermag auch das Landgericht keine zu sehen. Nun gibt es nichts parteilicheres als den abgelehnten Richter — und die ablehnende Partei. Die Einlassungen beider Seiten sind notwendig subjektiv und versehen mit einem gerüttelten Maß an Irrationalität.

Das LG — objektiv über den Betroffenen stehend, von Ablehnendem und Abgelehntem gleich distanziert — kommt regelmäßig zu dem Ergebnis, zu dem der Vorderrichter auch schon gelangt ist. Das mag darauf beruhen, daß die Distanz in manchen Fällen nur eine scheinbare ist. Lautmann berichtet auf Grund seiner teilnehmenden Beobachtung von dem Versuch eines Amtsrichters, auf die Ablehnungsentscheidung des Landgerichts Einfluß zu nehmen. Dieser habe ihn als den zuständigen Sachbearbeiter wiederholt angerufen und um Mitteilung gebeten, welche Punkte er in seiner dienstlichen Äußerung noch näher darlegen solle. Lautmann resumiert, dieser Richter habe aus einem Korpsgeist

---
[29] JuS 1969, 319 Anm. 21.
[30] Vorgänge 1973, Heft 5, 154.
[31] Bendix, Zur Psychologie der Urteilstätigkeit, S. 96, 97.
[32] Bendix, S. 188.

C. Ursachenforschung

heraus unterstellt, daß er als Sachbearbeiter mit ihm unter einer Decke stecken und sich beeinflussen lassen werde[33].

Belege für justizinterne Kontakte in umgekehrter Richtung sind bereits genannt worden: Die Vorladung derjenigen Richter zum Landgericht, die für befangen erklärt werden sollten. Dieser Vorgang läßt vermuten, daß nach dem Verständnis der entscheidenden Richter der abgelehnte Richter es als unkollegial auffassen würde, wenn man seiner Einlassung keinen Glauben schenken und ihn damit der Unwahrhaftigkeit verdächtigen würde.

Legt man das den betroffenen Richtern gegenüber sichtbar gewordene Verhalten den Parteien gegenüber an, wäre die praktische Konsequenz in jedem Fall, in dem das Gericht dem Vorbringen des Ablehnenden nicht glauben wollte, diesen vorzuladen. Prozessual unproblematisch, da im Ablehnungsverfahren eine mündliche Verhandlung durchaus möglich ist. Tatsache ist jedoch, daß das LG in keinem der 168 Fälle, in dem es von der Ansicht des Ablehnenden abgewichen ist, davon Gebrauch gemacht hat. Daß es dies ausschließlich auf Richterseite praktizierte, belegt, daß die Kollegialität die gedachte Distanz unterlaufen hat.

Der besondere kollegiale Umgang zeigt sich nicht nur in den einer Befangenheitserklärung vorausgehenden Präliminarien, sondern auch in der Entscheidung selbst.

In dieser Entscheidung geht es richtigerweise, wie das BVerfG klargestellt hat, nicht um die Befangenheit des Richters, sondern darum, ob ein Verfahrensbeteiligter Anlaß hat, die Befangenheit des Richters zu *besorgen*[34]. Deswegen wäre es folgerichtig, wenn die Gerichte die Frage, ob der Richter befangen ist, neutral dahingestellt sein ließen, weil entscheidungsunerheblich. Dies aber ist nicht der Fall. Eine Durchsicht der für begründet erklärten Ablehnungsgesuche belegt, daß die Obergerichte stets ihre Überzeugung von der Unbefangenheit des Richters zum Ausdruck bringen[35].

Bemerkenswert hierbei ist darüberhinaus, daß die Obergerichte das Votum des abgelehnten Richters, er sei nicht befangen, überhaupt nicht in Zweifel ziehen, sondern widerspruchslos akzeptieren. Mag das Verhalten des Richters auch noch so eindeutig seine Befangenheit herausstellen, das Obergericht scheut davor zurück, die subjektive Aussage des Richterkollegen zu verwerfen. Von der Entscheidung, ob der abgelehnte Richter wirklich befangen ist, wird, wie Ridder feststellt, dadurch Abstand genommen, daß die der „Selektion zugrunde liegende

---
[33] Lautmann, Justiz — die stille Gewalt, S. 185.
[34] BVerfG, Beschluß vom 3. 3. 1966, JZ 1966, 313.
[35] Die gleiche Beobachtung macht Wassermann, NJW 1963, 429.

vernünftige Würdigung aller Umstände, die das Gericht selbst vornimmt, als die des Antragstellers ausgegeben und als ausreichend bezeichnet wird[36]."

Dieser Mangel an Direktheit führt zu einer Verschleierung der Situation und zu einem Belassen des Richters. Ob ihres verharmlosenden Charakters fixiert die übliche Umschreibung die bei dem erzwungenen Ausscheiden aus dem Prozeß frei werdenden richterlichen Überlegungen eher auf das Vorgehen der ablehnenden Partei, als auf das eigene Verhalten.

D. Wertung. Zugleich Plädoyer für einen Maßstab des Vertrauens

Daß der favor judicalis Ablehnungsgesuchen überhaupt nicht zur Seite steht, ist, wie schon Bendix feststellte, kein Zufall[37]. Die allgemeine Frage, ob die Ursache hierfür im Widerstand des Publikums oder im Verhalten des Rechtsstabs zu sehen ist, der seinen Spielraum bei der Auslegung nutzt, um die Norm — bewußt oder unbewußt — zu sabotieren[38], läßt sich dahingehend beantworten, daß die mangelnde Normverwirklichung vom Rechtsstab zu verantworten ist.

Die von der Rechtsprechung zur Legitimierung ihres Verhaltens angegebenen Gründe sind rechtstatsächlich weitgehend nicht belegbar. Weder ist das Ablehnungsrecht eine Domäne von Querulanten und Taktikern, noch gebietet es die Prozeßökonomie, die Verwirklichung des Ablehnungsrechtes zu verhindern.

Aus dem Faktum, daß die Realisierung des Ablehnungsrechts dann unmöglich ist, wenn der abgelehnte Richter sich nicht für befangen hält, sein subjektives Urteil also das der distanzierten Instanzgerichte präjudiziert, sowie aus dem sonstigen Entscheidungsverhalten der Obergerichte kann gefolgert werden, daß berufssolidarische Überlegungen in erheblichem Ausmaße relevant werden.

Diese Solidarität ist nicht nur als eine Erscheinung zu begreifen, die jeder sozialen Gruppierung anhaftet. Vielmehr haben sich die Richter in konsequenter Handhabung des von ihnen favorisierten primär-objektiven Maßstabes freiwillig einem Solidaritätszwang unterworfen. Denn je stärker die subjektive Sicht des Ablehnenden durch objektive Kriterien verdrängt wird, desto eher kann sich bei allen Beteiligten die Vorstellung festsetzen, daß die Ablehnungsentscheidung ein Wahr-

---

[36] Ridder, Demokratie und Recht, Heft 3/1973, S. 244.
[37] Bendix, Zur Psychologie der Urteilstätigkeit, S. 96.
[38] Röhl, Das Dilemma der Rechtstatsachenforschung, S. 220.

D. Wertung. Zugleich Plädoyer für einen Maßstab des Vertrauens

scheinlichkeitsurteil bezüglich der Parteilichkeit des abgelehnten Richters fällt[39].

Daß eine derartige „Verurteilung", je objektiver sie sich gibt, vom betroffenen Richter desto gravierender als ansehensmindernde Abqualifizierung empfunden wird, ist verständlich. Verständlich ist auch, daß die Obergerichte sich deshalb nur ausnahmsweise dahin verstehen können, einen Kollegen dieser vermeintlichen Disqualifizierung auszusetzen. Die Richter scheinen damit zu Gefangenen ihrer eigenen Rechtsprechung zu werden, die es ihnen unmöglich macht, ein Mißtrauen an ihrer Tätigkeit zu akzeptieren.

Dabei erweist sich die Fixierung auf das Mißtrauen im übrigen als grotesker Sehfehler. Wenn, wie geschildert, im Jahr 1972 in rund 35 000 Prozessen 11 Richter abgelehnt worden sind, so heißt das, daß von den 70 000 Parteien 69 989 Vertrauen in ihre Richter gehabt haben. Es ist dies ein unvergleichlicher Vertrauensbeweis[40].

Angesichts dieser Tatsache sollte es möglich sein, sich unter Rückbesinnung auf die ratio legis des Ablehnungsrechtes zu einem Entscheidungsmaßstab zu entschließen, der nicht in erster Linie Vertrauen fordert, sondern Vertrauen gewährt.

Eine von dieser Grundidee geleitete Rechtsprechung hätte also das vom Antragsteller geäußerte Mißtrauen nicht mit Mißtrauen zu beantworten, sondern dies zunächst einmal zu akzeptieren und auf seine subjektive Berechtigung hin zu untersuchen. Abzustellen wäre hierbei nicht auf die Sicht eines unbeteiligten, vernünftigen Dritten, sondern auf die konkreten persönlichen Verhältnisse des Antragstellers. Der BGH selbst hat ein gutes Beispiel hierfür geliefert, indem er sich in einer Ablehnungsentscheidung davon leiten ließ, daß der Antragsteller „schwer kriegsbehindert, besonders empfindlich und offensichtlich von Minderwertigkeitsgefühlen beherrscht" gewesen sei[41].

Es ist verständlich, daß eine Rechtsprechung, die nach einem dem Antragsteller möglichen Vertrauen fragt, und damit ihren absoluten Vertrauensanspruch — „abgeleitet vom Vater Staat, dem ja seine Kinder ohne weiteres Vertrauen und Respekt schulden"[42] — aufgibt, zu Ergebnissen kommt, die sich so wenig generalisieren lassen wie die Vertrauensanforderungen. Es wären Entscheidungen, mögen sie nun

---
[39] Vgl. Arzt, S. 34.
[40] Dies gilt auch, wenn man berücksichtigt, daß einige Gesuche aus Unkenntnis oder anderen Gründen unterblieben sind. Vgl. Rostek, NJW 1975, 193, der vermutet, daß die hohe Mißerfolgsquote die Ablehnungsberechtigten nicht unberührt läßt.
[41] BGHSt, NJW 1959, 55.
[42] Rasehorn, NJW 1966, 666.

zusprechend oder abweisend sein, die in aller Vielfalt das im Einzelfall zu schützende Vertrauen widerspiegeln würden.

Gegen die sich hieraus ergebende „Fall-zu-Fall-Theorie"[43] sind Bedenken erhoben worden, weil das Prinzip des gesetzlichen Richters eine objektiv vorhersehbare Entscheidung erfordere. Diese sei nur dann gewährleistet, wenn der Entscheidungsmaßstab nach streng objektiven, abstrakten Kriterien, also ohne Ansehung der Person des Ablehnenden, aufgestellt werde.

Diese von Hamm vertretene Argumentation[44] ist in sich schlüssig, aber überaus einseitig, da sie den Sinn des Ablehnungsrechts nicht berücksichtigt, diesen vielmehr unter Überbetonung des Systems der normativen Vorausbestimmung des Richters verdeckt.

Die Bestimmung des gesetzlichen Richters über das Ablehnungsrecht ist, wie auch Hamm anerkennt, notwendigerweise eine Einzelfallbestimmung, die im Gegensatz steht zur generellen Vorausbestimmbarkeit des Richters. Diese Einzelfälle einer generellen Vorhersehbarkeit zu unterwerfen, erscheint zwar aus der Sicht eines Strafverteidigers verständlich, da sie ihm mit größtmöglicher Sicherheit voraussagt, ob eine Ablehnung Erfolg haben wird[45]. Sie steht aber dem ursprünglichen Anliegen des Ablehnungsrechts diametral entgegen. Denn wie diese Untersuchung zeigt, kann der Rechtsunterworfene als Normbenefiziar sein Recht nur dann verwirklichen, wenn ihm nicht ein generalisiertes, objektives Vertrauen abgefordert wird, sondern das ihm in der Situation mögliche.

Ein streng objektiver Maßstab, der dies berücksichtigen wollte — und Hamm will das augenscheinlich, denn er wendet sich ausdrücklich gegen die Gleichsetzung von objektivem = engem Maßstab[46] — wäre unpraktikabel. Er hätte sich, um weit genug sein zu können, am Vertrauen des schwächsten und schutzwürdigsten Antragstellers auszurichten. Ein Niveau, das im Einzelfall möglich, aber als allgemeines Prinzip gerade unhaltbar wäre.

Die von Bendix artikulierte Grundbefürchtung vieler, daß der allgemeine Erfolg von Ablehnungsgesuchen die Rechtspflege lahmlegen würde[47], berücksichtigt auch der hier vertretene primär-subjektive Maßstab. Auch wenn im Mittelpunkt der Betrachtung die Überlegung steht, dem Antragsteller das Vertrauen in die Rechtspflege zu ermög-

---

[43] So der Vorwurf Hamms, Der gesetzliche Richter und die Ablehnung, S. 5 f., 108.
[44] Hamm, S. 105 ff.
[45] Hamm, S. 213.
[46] Ebenda, S. 109 f.
[47] Bendix, Zur Psychologie der Urteilstätigkeit, S. 96.

D. Wertung. Zugleich Plädoyer für einen Maßstab des Vertrauens

lichen, so bedeutet das selbstverständlich nicht, jedes Mißtrauen zu akzeptieren.

Von Arzt und Ernst sind hinsichtlich der einzelnen Ablehnungsgründe Grenzen gezogen worden, die dies anerkennen. Auf sie kann bezüglich von Einzelfragen verwiesen werden[48]. Generelle Richtschnur ist die von der ratio des Ablehnungsrechtes und seiner verfassungsrechtlichen Ausgestaltung her gebotene Forderung, im Zweifel zugunsten des Antragstellers zu entscheiden, da in allen nicht ganz eindeutigen Fällen die *zweifelsfreie* Unparteilichkeit des Richters nicht gesichert ist[49].

Die Folgen der Anwendung dieses Maßstabes würden nicht nur den Rechtsunterworfenen begünstigen, sondern auch die Justiz.

Wie gezeigt, hat die Überbetonung der objektiven Elemente notwendigerweise dazu geführt, daß die Rechtsprechung sich in Befangenheitsbewertungen verstrickt hat, wo es im Grunde lediglich um Mißtrauensbewertungen geht. Je objektiver der Standpunkt, desto eher die Gefahr, daß das entscheidende Gericht reaktiv als „ein für seine spezifisch gerichtliche Autorität streitender Angegriffener"[50] urteilt.

Diese Problematik dadurch lösen zu wollen, daß man, wie vorgeschlagen, die Entscheidung von Ablehnungsgesuchen an „selbstständige Instanzen außerhalb der Justizverwaltung" verweist[51], unterstellt die Unfähigkeit der Justiz, sich vom Befangenheitsbann aus eigener Kraft zu befreien.

Die hier vorgelegten Daten geben m. E. der Rechtsprechung die Chance, aufgrund eines neuen Verständnisses Schritte zu unternehmen, die das Gegenteil zu beweisen vermögen.

---

[48] Ernst, Die Ablehnung eines Richters w. Besorgnis der Befangenheit, S. 157 ff. Arzt, Der befangene Strafrichter, S. 39 ff.
[49] Teplitzky, MDR 1970, 107.
[50] Ridder, Demokratie und Recht, S. 241.
[51] So Bendix, Zur Psychologie der Urteilstätigkeit, S. 98.

Schlußbemerkung

Ich habe mich bemüht, der Einmengung von emotionalen Faktoren, vorgefaßten Meinungen und Ergebniserwartungen Grenzen zu ziehen und möchte mich daher vice versa auf ein Wort berufen, das meinem Untersuchungsgegenstand zugute gehalten worden ist und das — an der Realität gemessen — eher Perspektive denn Podest sein kann:

„Der erreichbare Grad der Annäherung an das Ideal der Objektivität fällt niemanden in den Schoß. Indessen hieße es Willen und Bereitschaft des Richters, sich von Sympathie und Vorurteil zu befreien, erheblich unterschätzen, wenn man annehmen wollte, daß er es an der erforderlichen Anstrengung fehlen ließe*."

---

* Wassermann, NJW 1963, 430.

Literaturverzeichnis

Arzt, Gunther: Der befangene Strafrichter. Zugleich eine Kritik an der Beschränkung der Befangenheit auf die Parteilichkeit, Tübingen 1969

Baumbach-Lauterbach-Albers-Hartmann: Zivilprozeßordnung mit Gerichtsverfassungsgesetz und anderen Nebengesetzen (zitiert Baumbach-Lauterbach, ZPO) 34. Auflage, München 1976

Baumgärtel, Gottfried und *Mes*, Peter: Rechtstatsachen zur Dauer des Zivilprozesses (erste Instanz), Köln 1971

Bender, Rolf: Klassenjustiz. In: DRiZ 1974, 223

Bendix, Ludwig: Zur Psychologie der Urteilstätigkeit des Berufsrichters und andere Schriften mit einer biographischen Einleitung von Reinhard Bendix. Herausgegeben von Manfred Weiss. Neuwied/Berlin 1968 (zitiert: Zur Psychologie der Urteilstätigkeit)

Berra, Xaver (= Theo Rasehorn): Im Paragraphenturm. Eine Streitschrift zur Entideologisierung der Justiz, Berlin/Neuwied 1966

Brockhaus, Enzyklopädie in 20 Bdn, 17. Aufl. des Großen Brockhaus, Wiesbaden 1973

Dahrendorf, Ralf: Gesellschaft und Freiheit, München 1961

Dahs, Hans: Buchbesprechung Gunther Arzt: Der befangene Strafrichter... (s. dort). In: JZ 1970, 230

Ernst, Manfred: Die Ablehnung eines Richters wegen Besorgnis der Befangenheit gemäß § 42 ZPO unter besonderer Berücksichtigung der Rechtsprechung der Sozialgerichtsbarkeit. Jur. Diss. Kiel 1973 (zitiert: Die Ablehnung eines Richters wegen Besorgnis der Befangenheit)

Esser, Josef: Vorverständnis und Methodenwahl in der Rechtsfindung, Frankfurt a. M. 1971

Geiger, Theodor: Vorstudien zu einer Soziologie des Rechts. Neudruck 1964, 2. Aufl., Neuwied u. Berlin 1970

Gloede, Wilhelm: Mißbräuchliche Ablehnungsgesuche im Zivilprozeß. In: NJW 1972, 2067 ff.

Hamm, Rainer: Der gesetzliche Richter und die Ablehnung wegen Besorgnis der Befangenheit unter besonderer Berücksichtigung des Strafverfahrens. Jur. Diss. Berlin 1973 (zitiert: Der gesetzliche Richter und die Ablehnung)

Hanack, Ernst-Walter: Die Rechtsprechung des BGH zum Strafverfahrensrecht. In: JZ 1971, 89 f.

Handbuch der Justiz 1970. Herausgegeben vom Deutschen Richterbund, Hamburg/Berlin 1970

Hannover, Heinrich: Solidarität mit sozialistischen Rechtsanwälten. Rede zur Annahme des Fritz-Bauer-Preises 1973. In: Vorgänge, 1973 Heft 5, S. 153 ff.

Kaupen, Wolfgang: Die Hüter von Recht und Ordnung. Die soziale Herkunft, Erziehung und Ausbildung der deutschen Juristen. — Eine soziologische Analyse. 2. Aufl., Neuwied/Berlin 1971

Koch, Harald: Zur Einführung: Justizforschung. In: JuS 1973, 471 ff.

Lautmann, Rüdiger: Justiz — die stille Gewalt. Teilnehmende Beobachtung und entscheidungssoziologische Analyse, Frankfurt 1972

— Soziologie vor den Toren der Jurisprudenz. (Gesammelte Aufsätze und Abhandlungen), Stuttgart 1971

Lent-Jauernig, Zivilprozeßrecht. 17. Aufl., München 1974

Löwe-Rosenberg: Die Strafprozeßordnung und das Gerichtsverfassungsgesetz. 22. Aufl., Berlin, New York 1971

Nikisch, Arthur: Zivilprozeßrecht. 2. Aufl., Tübingen 1952

Raiser, Thomas: Einführung in die Rechtssoziologie. Juristische Arbeitsblätter — Sonderheft 9, Berlin 1972

Rasehorn, Theo: Justiz — Reform — Gesellschaft. In: Vorgänge, 1974, Heft 12, S. 26 ff.

— Anm. zu LG Bonn 4 T 460/65, (NJW 65, 160) In: NJW 1966, 666

Rehbinder, Manfred: Einführung in die Rechtssoziologie, Frankfurt 1971

— Zur Einführung: Rechtssoziologie. JuS 1973, 272 ff.

— Rechtskenntnis, Rechtsbewußtsein und Rechtsethos als Probleme der Rechtspolitik. In: M. Rehbinder — H. Schelsky (Hrsg.): Zur Effektivität des Rechts, Jahrbuch für Rechtssoziologie und Rechtstheorie, Bd. III, Düsseldorf 1972

— Rechtssoziologie und Rechtsprechung. In: Die Sozialgerichtsbarkeit 1975, 1 ff., 50 ff.

Ridder, Helmut: Vom Verfassungsort der richterlichen „Befangenheit". In: Demokratie und Recht, Heft 3/1973, 239 ff.

Röhl, Klaus F.: Das Dilemma der Rechtstatsachenforschung, Tübingen 1974

Rosenberg, Leo: Ablehnung eines Richters wegen Besorgnis der Befangenheit. In: JZ 1951, 214

Rosenberg-Schwab: Zivilprozeßrecht. 11. Aufl., München 1974

Rostek, Holger: Ablehnung des Amtsrichters wegen Besorgnis der Befangenheit in der Hauptverhandlung. In: NJW 1975, 192 ff.

Sarstedt, Werner: Anm. zu BVerfG 2 BvE 2/64 v. 3. 3. 1966. In: JZ 1966, 314

Schorn: Die Ablehnung eines Richters im Strafprozeß in Rechtsprechung und Schrifttum. In: GA 1963, 161

Schüler, Erhard: Die Ermessensentscheidung der Ausländerbehörde, erörtert anhand der Verwaltungspraxis in Berlin. (Schriftenreihe zur Rechtssoziologie und Rechtstatsachenforschung, Band 32), Berlin 1974

Seibert, Claus: Befangenheit und Ablehnung. In: JZ 1960, 85

Statistische Berichte des Statistischen Landesamtes Nordrhein-Westfalen: Organisation, Personal und Geschäftsanfall bei den Gerichten und den Staatsanwaltschaften in Nordrhein-Westfalen 1972, Düsseldorf 1973

Stein-Jonas-Pohle: Kommentar zur Zivilprozeßordnung. 19. Aufl., Tübingen 1964 (zitiert: Stein-Jonas-Pohle, ZPO)

Teplitzky, Otto: Probleme der Richterablehnung wegen Befangenheit. In: NJW 1962, 2044 ff.

— Die Richterablehnung wegen Befangenheit. In: JuS 1969, 318 ff.

— Auswirkungen der neuen Verfassungsrechtsprechung auf Streitfragen der Richterablehnung wegen Befangenheit. In: MDR 1970, 106 f.

Thomas-Putzo: Zivilprozeßordnung. 8. Aufl., München 1975

Wassermann, Rudolf: Gleicher Rechtsschutz für alle. In: Recht und Politik 1975, 1 ff.

— Die Richterablehnung gem. §§ 42 ff. ZPO in der Rechtsprechung der Berliner Zivilgerichte. In: JR 1961, 401 ff.

— Richterablehnung wegen Befangenheit. In: NJW 1963, 429 f.

Wolff, J.: Justizforschung und richterliches Bewußtsein. In: DRiZ 1974, 319 f.

Printed by Libri Plureos GmbH
in Hamburg, Germany